60 SANİYEDE MORAL DEPOLAMA

60 Saniyede Moral Depolama

Yazar: Patricia Muradi

Genel Yayın Yönetmeni: Tanıl Yaşar

İç Tasarım: Adem Şenel

Kapak Tasarım: Deniz Karatağ

Baskı-Cilt: Melisa Matbaası

3.Baskı Cep Boy / Ağustos 2009

Yayıncı Sertifika No: 11389

ISBN 978-975-254-302-7

Melisa Matbaası: Çifte Havuzlar Yolu Acar Sitesi No: 4
Davutpaşa/İstanbul

YAYINCI

NEDEN KİTAP

www.nedenkitap.com

info@nedenkitap.com

GENEL DAĞITIM

GNG Dağıtım Pazarlama Hizmetleri

Turgutreis Mah. Giyimkent Sitesi B. 106/23 Esenler/İSTANBUL

Tel: 0212 438 47 70 (pbx) Fax: 0212 438 47 73

60 SANİYEDE MORAL DEPOLAMA

PATRICIA MURADI

Neden?

İÇİNDEKİLER

GİRİŞ

Paulo Coelho'nun kitaplarından birisinde şöyle bir atasözü geçer:

'İyi huylu küçük keçi hiçbir zaman melemez.'

Sizi bilmem ama ben; melemeyen, sessiz, sakin, küçük bir keçiye hiç denk gelemedim. Bugüne kadar gördüklerimin tamamı pek gevezeydi.

Muhtemelen büyük üstadın bu sözü kullanarak anlatmaya çalıştığı şey çok başkaydı.

Bu cümle bana ağlayıp şikâyet eden insanların haklılıklarının aslında hep sorgulanması gerektiğini düşündürdü nedense.

İnsan olarak hepimizin varmak istediği hedefler, gitmek istediği bir yol, bu yolda karşılaştığı büyük küçük problemler, yaşadığı mutsuzluklar vardır.

Tüm bunların ise ağlaya sızlaya vakit kaybedilerek halledilemeyecekleri sizce de açık değil mi?

O halde ne yapmalı?

Küçük bir çocuk gibi sızlanıp, şikâyet edeceğimize; neredeyiz, nereye varmak istiyoruz ve varmak istediğimiz yere ulaşmak için nelere ihtiyacımız var diye hayatımızı gözden geçirmemiz gerekir.

İşte kişisel ve ruhsal gelişim tamda bu noktada devreye girer. Birisi hayatta varmak istediğimiz hedeflerin sınırlarını zorlamamız için bize gereken güveni verirken, kendimizi daha yakından tanımamıza yardımcı olur. Diğeri de ruhsal anlamda bilincimizi daha üst seviyelere taşımamız için gereken desteği bize sunar. Her iki konu da aslında birbirinin tamamlayıcısıdır.

Öyleyse gelin; bugüne dek yaptığınızı düşündüğünüz hataları bir kenara bırakın. Bundan sonra neler yapacağınıza şöyle bir bakın. Yaşadıklarınızın yanlış olduğunu düşünmeden, hatalarınız altında ezilmeden, hepsini yaşanmış olması gereken ve size bundan böyle ne yapmamanız gerektiğini hatırlatacak birer altın deneyim olarak kabul edip, hayatınızda yeni bir milat yaratın.

Unutmayın bunu ancak siz yapabilirsiniz, sizin yerinize bir başkası değil. Kendinize daima dost olmanız dileği ile keyifli okumalar dilerim.

Sevgili Babacığım,

Bu kitabı hazırlamaya nasıl büyük bir özen ve heyecanla başladığımı sen biliyorsun.

Ve yine biliyorsun ki bu benim ilk göz ağrım olması gereken eserimdi.

Sen benden ayrılıp ışığa kavuştuktan sonra araya başka romanlar girdi. Önce 'Çingeneler'i hayata geçirdik, ardından da 'Limanda Bir Kadın'ı.

Elime aldığım her kitabımda senin benim üzerimdeki emeğini düşünerek, sana bir kez de daha teşekkür ettim.

Çocukların bu hayata doğmadan evvel ebeveynlerini kendilerinin seçtiklerini duymuştum.

Eğer öyleyse bu kadar doğru bir kararı verdiğim için kendimi kutlamak istiyorum.

Artık yanımda olmasan da daima yüreğimdesin.

Kızın

Patricia Muradi

ÖNSÖZ

Hayat, tüm mutlulukları ve zorlukları ile yaşamak durumunda olduğumuz kocaman bir gerçektir.

Kimileri hayatı ders görülen bir okul ile özdeşleştirse de bu okulda mezuniyet belgesi hiçbir zaman verilmez.

Her gün, bir gün sonrasında nelerle karşılaşacağınızı bilmeden yaşarsınız...

Peki, bu bilinmezlerle dolu hayat sizi korkutuyor mu? Birçoğunuzun buna düşünmeden 'Evet' diye cevap vereceğini tahmin ediyorum. Neden mi? Cevabı basit! Bir zamanlar ben de hayata ürkek bir kuşun penceresinden bakardım. Korkmak her ne kadar insanca bir duygu olsa da hayattan korkmak ve korkmaya devam etmek kendinize yapabileceğiniz en büyük haksızlıklardan birisidir.

Bu koskoca evrende 'Ömür' diye adlandırılan süreyi sonunu bilemediğimiz bir zamana dek yaşamak durumundayız.

Önemli olan; yaşadığımız bu süreyi ne kadar mutlu ve ne kadar huzurlu geçirdiğimizdir.

Amacınız mutlu ve huzurlu bir hayat sürmekse, o halde bunun şimdiden sizin olduğunu düşünmeye başlayabilirsiniz. Yapmanız gereken son derece basit.

-Karar verin.

-Mutluluk ve huzur kelimelerine odaklanın.

-Kendinize yol gösterip yardımcı olun.

Sonrası kendiliğinden gelecektir...

Bu kitapla size bir gül bahçesi vaat etmesem de o bahçeyi yetiştirmek için herkesin ortak olarak kullanabileceği basit yöntemlerden bahsedeceğim.

Bu arada gülün de dikenleri olduğunu unutmamak gerekir.

Kimi zaman dikenler beklenmedik anlarda elinize batacak. Bazen de etrafınıza baktığınızda o güzelim bahçede sonbaharın sürdüğüne tanık olacaksınız.

Unutmayın her şey sizin elinizde. Siz istedikten sonra bahçenize yeniden kavuşur, güllerin eskisinden daha da güzel kokmasını sağlayabilirsiniz.

Keyifli okumalar dilerim.

60 SANİYEDE MORAL DEPOLAMA

BÖLÜM 1

HAYAT GÜZELDİR

Hayat bilinmezlerle dolu bir güzelliktir.

Peki, bizler sunulan bu güzelliklerin farkında mıyız?

Yaşanan tüm güzel anları bir yana, her yeni günde, o gün hangi sınava gireceğimizi bilmeden gözümüzü açarız. Dahası bir dakika sonra ne gibi sürprizlerle karşılaşacağımızı bile bilmeden yaşamaya devam ederiz.

Bilinmezlerle dolu bu okuldan mezun olurken kimimiz başarılı kimimiz de başarısız oluruz.

İşin en önemli kısmı da budur zaten.

Hayat bir üniversite ise, ona rektör olmak isteyenler…

İşte bu kitap sizin için yazıldı.

İhtiyacınız olan tek şey, kendinize inanmak. İnanmayı başardığınızda mutluluk ve huzura giden yol açılmış demektir.

Bu yolda huzurlu ve mutlu olmayı amaç edinen bir insanın önüne ise hiç kimse engel koyamaz…

60 SANİYEDE MORAL DEPOLAMA

Ne kadar güçlü, kendinden emin ve kendi ayaklarımızın üzerinde duruyor olsak da nihayetinde insanız. Doğamız gereği de kabul görmeye, beğenilmeye, motive edilmeye ihtiyaç duyarız.

Büyük ya da küçük, kadın veya erkek hepimiz takdir görmek için yaşar, hatta bunun biz dünyayı terk ettikten sonra da devam etmesi için elimizden geleni yaparız. Bunun da ayıbı yoktur.

Hayat koşullarına bakacak olduğunuzda, hemen herkesin ortak problemleri olduğunu görürüz. Sabahları paldır küldür kendimizi yataktan dışarı zor atıp, öz bakımımızı yaptıktan sonra sürünerek giyinip acele içinde işimize veya günlük koşturmalarımıza yetişmeye çalışırız.

Hele de büyük bir şehirde yaşıyorsak, zamanımızın önemli bir bölümünün yolda geçme riski olduğundan, kimi zaman panik halde günü yakalamaya çalışır dururuz.

Bu arada kendimizi unutur, makyaj yapıp, tıraş olmak gerekmiyorsa aynaya bile bakmaya gerek görmeyebiliriz.

Zorunlu olarak aynaya gözümüz değdiğinde, bu genellikle boş bir bakış olmaktan öteye gitmez. Neredeyse suratımızdaki sivilceyi bile geçmeye yüz tuttuğunda fark edip hayrete düşeriz.

Tamam, aceleniz var, kabul ediyorum zamanınız kısıtlı, nihayetinde Mars'ta ikamet etmediğimizden hemen hemen hepimiz zaman ile yarışmanın ne kadar güç olduğu yanında ne denli yorucu ve yıpratıcı olduğunun bilincindeyiz. Peki, kendinizi motive etmek adına harcayacak 60 saniyeniz de mi yok?

Beyaz Atlı Takdir Prensi

İnsan olduğumuzu, doğamız gereği takdir edilmek istediğimizi vurguladık. İyi de o gün etrafımızdaki herkes kendi işleriyle meşgulse ve bizi onaylayacak tek bir cümle duymak şansımız yoksa ne olacak?

Gün boyunca 'beyaz atlı takdir prensi'nin bir şekilde bize ulaşıp, takdir etmesini mi bekleyeceğiz?

Elbette bizim dışımızda kalan insanlardan takdir görmek güzel ve muhteşem bir motivasyon kaynağıdır. Ancak dilerseniz gelin özellikle sabahları bu işi hiç kimselere bırakmayıp, kimseleri beklemeden kendimiz yaparak güne güzel bir başlangıçla 'Merhaba' diyelim.

Güne Kendinize 'Günaydın' Diyerek Başlayın

Unutmayalım, biz birer bireyiz ve tartışmasız değerliyiz. Annemiz, babamız, çocuğumuz, öğrencilerimiz, çalışanlarımız, arkadaşlarımız, hiç kimse için değilse bile sadece bu evrenin bir parçası olmamız nedeniyle değerliyiz!

O halde her sabah gözümüzü açtığımızda;

- Öncelikle kendimize günaydın diyerek günümüzün güzel geçmesini dileyelim. Kendimize ismimizle hitap ederek, örneğin; 'Sevgili Ayşe günaydın, bugün bol ışıklı ve güzel bir gün olsun senin için,' dediğimizde zannederim buna kimsenin bir itirazı olmaz ve pek fazla da zamanımızı almaz.

- İnsanın kendi kendisine ismi ile seslenmesi başlarda belki biraz komik gelebilir ancak denendiğinde kendimizle iletişime geçtiğimiz ve kendimizi kabul ettiğimiz için mutlak bir fayda sağlayacaktır. Öte yandan kendimize değer verdiğimizde başkalarının ne kadar değerli olduğunu anlamamız da daha kolay olacaktır.

- Bundan sonra sıra elbette diğer aile bireylerine günaydın demeye geldi ki; bunu yaparken, yüzümüze bir gülücük olmasına da özen gösterelim. Yataktan kalkar kalkmaz, yüz kaslarımıza hareket verip, bunu bir gülücükle desteklediğimizde, günün devamında gülümsemek daha da kolaylaşacaktır.

Kendinizi Şımartın

Değerli olduğumuzu kabul ettikten sonra kendimizi biraz olsun şımartmayı da ihmal etmeyelim.

Acaba bugün canımız güne kahve ile mi başlamak ister? Bitki çayı ya da koca bir bardak çikolataya ne dersiniz? Genellikle süt veya bitki çayları daha sağlıklıdır bu kesin ancak karar size ait ve konu da kendinizi şımartmak olduğundan tercihinizi siz yapacaksınız. İçeceğimizi de seçtikten sonra bu aşama bitti.

Satırları okuyan bir kısım arkadaşların şöyle dediğini duyar gibi oluyorum, 'Ne kahvesi, ne sütü kardeşim? Ben dişlerimi fırçalayıp, kendimi evden dışarı zor atıyorum!'

Vakti bu kadar kısıtlı olanlara önerim evlerinde kâğıt bardak bulundurmaları olacaktır. Evden çıkarken yanınıza yarım bardak kahve alıp, hem yürüyüp hem de yudumlayalım. Denemeden ne kadar keyifli olduğunu tahmin bile edemezsiniz.

Aynaya Bakma Zamanı

- Pamuk Prenses'in üvey annesi kötü ruhlu cadı bile aynaya bakarak kendisine iltifatlar yağdırıp, ruhunu motive edermiş. İyi de biz kendimizi neden es geçelim?

Dikkatinizi kendinize odaklayarak aynaya bakın. Sakın kenardaki devrik diş macunu tüpüne veya arkalarda asılı duran, ancak düzeltilmesi gereken havluya falan takılmayın. Sadece kendinize bakın. Kendinizde beğendiğiniz ve güzel bulduğunuz bir yönünüz için iltifat edin.

Bugünkü iltifat sebebiniz çocuklarla iyi iletişim kurmanız veya bir önceki gün başardığınıza inandığınız güzel bir iş olabilir. Konunun çok önemli olması gerekmiyor, sadece sizin beğenmiş olmanız yeterli. Kendinizi bu ufak başarı ile güzel ve değerli bulduğunuzu sesli olarak ifade edin.

- Bunu yaptıktan sonra hoşunuza giden fizikî bir özelliğinizi seçerek, yine kendinize bu konuyu vurgulayın.'Saçların çok parlak,' veya 'Bu yeni diş macunu dişlerini daha çok beyazlattı,' gibi basit bir şey olabilir. Hiçbirimiz dünya güzeli veya kusursuz yakışıklı değiliz. Sonuç olarak herkesin bir dönem taptığı, benzemek için uğraş verdiği Marylin Monroe bile kendisini beğenmediği bir dönem geçirmiş.

- Evden ayrılıp, yola çıktığınızda; karşınıza çıkan ağaçlara, çiçeklere bakmayı, tanıdıklarınıza gülümseyerek 'günaydın' demeyi de ihmal etmeyin. Çiçeklere bakmak sizi rahatlatacak, tanıdıklarınıza günaydın demekse, hem onların hem sizin kendinizi daha iyi hissetmenize yardımcı olacaktır.

- Güne güzel bir moralle başlamak, öncelikle kendimize olan sorumluluğumuzdur.

Elbette gün içerisinde iyi, kötü, stresli olaylar gelip bizi bulacak ve kaçınılmaz olarak moralimizin de bozulduğu anlar yaşanacaktır. Bunların hayatın normal cilveleri olduğunu aklımızda tutup, yaşadığımız sürece kimi zaman bizi rahatsız edebileceklerini kabul etmek gerekir.

Önemli olan kendimizi olayları karşılayacak kadar güçlü hissetmemizdir. Güne güzel bir başlangıç yapmaksa durumu kolaylaştıracaktır.

Bu arada kendimize günaydın dememiz, bir içecek ikram edip, tercih hakkı tanımamız veya ufak birkaç iltifat sözü söylememiz, acaba 60 saniyeden fazla zamanımızı almış mıdır? Almamıştır diye düşünüyorum. O zaman lütfen güne güzel bir moralle başlamak adına bu bir dakikayı kendinizden esirgemeyin.

HAYAT HEYBESİ

Doğum, hayatın başlangıcıdır. Hepimiz bu andan itibaren sırtımızda hep bulunan ama gözle görülmeyen bir heybe ile dünyaya merhaba deriz.

Taşıdığımız bu görünmez heybelerimiz; yaşımız ve yaşadıklarımız ile beraber büyür. Hüzünlerimiz, sevinçlerimiz, deneyimlerimiz, aldatılmışlıklarımız, hayatla ilgili akla gelen ne varsa onun içine doldurulur ve depolanır. Heybelerimiz kimi zaman aldığımız dersler, bazen de sevmediğimiz ve istemediğimiz anılarımızla zenginleşir durur.

Genç yaşlarda pek fark edilmez de zaman geçtikçe heybe ağırlaşmaya ve sırta iyice yük olmaya başlar. Bu yükle kafalar o denli meşgul edilir ki; bu kez etraftaki güzellikleri, mutluluk duyulacak herhangi bir şeyleri bile fark etmemeye başlarız.

İşte böyle zamanlarda onu temizleyip havalandırmak ve yeniden yararlı olan materyallerle doldurmak gerekecektir.

İstenmeyen Yüklerden Kurtulun

Heybemizin içerisine dolan istenmedik ağırlıklardan kurtulmanın en güzel yöntemi içinde esaslı bir temizlik yapmaktır. Bu temizliğinse planlı, programlı ve belli bir düzen takip etmesi gerekecektir.

1. gün

- Kendimize boş ve kullanılmayan bir çanta bulalım.
- Bol miktarda sarı, beyaz kâğıtlar yanında bir de kalem edinelim.
- Bunları toparladığımızda, bu kez yalnız kalabileceğimiz sakin bir mekâna geçelim.
- Sarı ve beyaz kâğıtlarımızı önümüze yayalım. Telaşsız bir şekilde arkamıza yaslanarak, hayatımızı gözden geçirmeye başlayalım. İlk etapta aklımıza gelen, yaşanıldığında hoşumuza gitmiş veya gitmemiş durumları saptayalım.
- Kalemimizi alarak sarı olan kâğıtlara sadece hoşumuza gitmeyen durumları kaydedelim.
- Beyaz olanları ise sevdiğimiz, hoşumuza giden hayatımızda bulunmasını istediğimiz şeylere ayıralım. Bunları da yine aynı özenle kaydedelim.
- Aklımızda bulunan her şeyi yazdığımıza inandıktan sonra tüm kâğıtları bu eski çantanın içerisine doldurarak karıştıralım.
- Bu işlemle sırtımızdaki görünmeyen heybenin bir kopyasını yapmış olduk. Tek fark bu heybenin görünür olması. Onu kimsenin görmeyeceği güvenli bir yerde saklayalım. Ertesi güne kadar da açmayalım.

2.gün

- İkinci gün işe metal bir kutu bularak başlayalım. Bulduğumuz bu kutunun atılabilir olmasına dikkat edelim. Çünkü yapılacak işlemden sonra kutu kullanılabilir durumda olmayacaktır.

- Yalnız kaldığımız ve rahatsız edilmeyeceğimize inandığımız bir zamanda heybemizi bulunduğu yerden çıkartalım.
- İyice karıştıralım ve açalım.
- Tüm kâğıtları dışarı çıkaralım. Sarı renkte olanları farklı bir yere, beyaz renkte olanları ise farklı bir yere koyalım.
- Hatırlayacağınız gibi sarı kâğıtlara üzüntülerimizi, sıkıntı ve kederlerimizi yazmıştık. Her sarı kâğıdı teker teker alıp, açalım. Sesimizi sadece kendimiz duyabileceğimiz şekilde ayarlayarak okuyalım.
- Her bir kâğıdı okuduktan sonra yırtalım ve evvelce hazırlamış olduğumuz metal kutunun içerisine atalım.
- Kutuya atarken gözlerimizi kapatalım ve şu cümleyi tekrar edelim, 'Seni heybemden atıyorum.'
- Geriye sadece beyaz kâğıtlar kalana dek bu işlemi tekrar edelim.
- Sarı kâğıtlarımız bittiği zaman, bir sonraki aşamaya hazırız demektir. Metal kutuyu tehlikesiz bir yere götürerek, dikkatli bir şekilde içindeki sarı kâğıtları tutuşturalım.

Bu minik hamle ile hayatımızdaki üzüntü ve sıkıntılarımızı heybemizden atmış olduğumuzu ve onları yok ettiğimizi unutmayalım. Artık tüm sıkıntılarımıza arkamızı dönerek, onları unutmaya hazırız demektir.

Hayat her gün savaşım gerektiren farklı bir konu ile karşımıza çıkarken, ruhumuzu korumak için önlem almak bizim görevimizdir. Bunun için geçirmiş olduğumuz üzüntüleri bir kenara bırakarak önümüze bakmamız ve daha ileri gitmek için kendimize destek vermemiz gerekecektir.

Kendimize olan inancımızı korumamız hayat yolunda yaşadığımız zorlukları aşmakta bize daima yardımcı olacaktır.

Hepinizin, 'Bu heybenin içerisinde bir de beyaz kâğıtlar vardı,' dediğinizi duyar gibiyim. Peki, onlar için bir şey yapacak mıyız?

Elbette...

Biliyorsunuz geride kalan beyaz kâğıtlar, bizim hayatımızda olmasından hoşlandığımız şeylerdi. O halde şimdi sıra küçük mutluluklarımızın keyfini çıkartmaya geldi.

- Hemen rahat bir pozisyon alarak yerimize yerleşelim.
- Beyaz kâğıtların hepsini acele etmeden birer birer açalım. Neşeli bir ruh hali ile okumaya başlayalım.
- Okumayı bitirdiğimiz her beyaz kâğıttan sonra kendimize şu cümleyi tekrar edelim:

'Hayatımda bulunmandan mutluyum.'

- Kâğıdımızı yeniden katlayarak heybemizin içerisine atalım.

Beyaz kâğıtlarımızla işimiz bitip hepsini heybemizde topladığımızda, onu yeniden güvenli bir yere kaldıralım.

Bu arada aklınıza şu soru takılmış olabilir.

'Acaba üzüntü ve sıkıntılarımızı neden hep sarı kağıtlara yazdık?'

Cevap çok basit!

Her rengin farklı bir dili var. Bu skalada ise sarı renk geçiciliği simgeler. Tüm üzüntü ve sıkıntılarımızın her daim geçici olması dileğiyle...

HAYAT OKULUNDA HUZURLU BİR ÖĞRENCİ OLMAK!

Hangimiz hata yapmayı isteriz ki? Ya da 'Sen bu işte hatalısın,' cümlesini duymak, kimin hoşuna gider? Her ne kadar gurur duyulacak, hoşa gidecek bir şey olmasa da hayatımızda hataların da var olduğu bir gerçektir.

Robot değil, insan olmamız nedeni ile hata yaptık, yapıyoruz, yaşadığımız sürece de yapacağız.

Maliyeti yüksek olup canımızı çok yakanların yanında, gecikmeden fark ederek geri döndüklerimiz de illa ki olacaktır. Hal ne olursa olsun, yine de yaptığımız hatalardan ve sonuçlarından öğrendiğimiz bir dolu şey olduğunu inkâr edemeyiz.

Onları yok sayamadığımız gibi, yaşamımızdan bir anda çıkartamayacağımıza göre azaltmaya çalışarak yok etmeye uğraş vermek en geçerli yöntem olacaktır.

Bu nedenle;

- Hata yaptığımızda bize verdiği zararı nasıl lehimize çevirebiliriz?

- Azaltmak veya tekrar etmemek olasılığımız var mıdır?

Gibi soruları kendimize sorarak işe başlayabiliriz.

Stres Altında Hata Riski Artar

Çağımızın en ünlü problemlerinden stres; saç dökülmesi, mide bulantısı, kalp krizi, beyin kanaması da dâhil olmak üzere ağır veya hafif pek çok hastalığa neden olmaktadır.

Bu denli zararlı bir illetin, söz konusu baskıyı vücudumuza beynimiz kanalı ile yaptığı da açıktır.

Öte yandan bir olgudan ne kadar çok korkup kaçmaya gayret etsek de bir yerden patlak verip bizi etkilemeyi başaracaktır. Bu nedenle de hata yapabilirim korkusu ile duyulan stres, hata yapmamızı destekleyecek etkenlerden biri haline gelebilecektir.

O halde onlardan kaçmaya harcayacağımız gayreti hatalarımızla yüzleşmeye ayıralım derim.

Hata Yapma Özgürlüğümüz Var!

Hata yapma baskısının bizi ezmesine ve ruhumuzu esir alıp, vücudumuzla oynamasına olanak tanımamalıyız. Bunun içinde kendimize 'Hata Yapma Özgürlüğümüz' olduğunu hatırlatmak daima faydalı olacaktır.

Özgürlüğümüz olduğunu kural olarak aklımıza yazarak hatalarımızdan kurtulacak değiliz. Ancak aklımızda tutmak; hayatımızı hata yapma stresi olmaksızın devam ettirmemize yardımcı olacaktır. Bu sayede fikrimiz daha açık, hareketlerimiz ise daha korkusuz ve kontrollü olacaktır.

İncele, Aklına Kaydet Ve Can Yeleği Olarak Kullan!

Yanlış yaptığımızı düşündüğümüz herhangi bir durumda konu üzerinde detaylı bir inceleme yapmak bize kesinlikle yardımcı olacaktır. Üzerinde etraflıca düşünüp zihnimize kaydedilen her bilgi gelecekte benzer durumlarla karşılaştığımızda yardımımıza koşacak ve yolumuzu bulmamıza yardımcı olacak birer can yeleği olacaktır. Kısaca; sürece, sebeplere ve meydana gelen sonuçlara dikkat!

- ***Önce problemi çözelim. Günah keçisini sonra sobeleriz!***

Hata bizim tarafımızdan yapıldığında bir yafta yapışacaksa, bu bize yapışacaktır. İyi de acaba kaynağı gerçekte biz miyiz, yoksa bizim dışımızda başkaları mı?

İster biz, ister başkaları tarafından yapılmış olsun alınması gereken ilk önlem, düzeltilebilecek bir şey varsa öncelikle onu yoluna koyup, ortalığı temizlemektir.

Adı bile korkunç olduğundan ortada bir hata varsa, bilinçsiz de olsa herkes bundan kaçma telaşına gireceğinden böyle durumlarda öncelikle 'suçlu arama' süreci yaşanır.

Bulunan suçlu, dışında kalan herkes rahatlar. Sobelenen ortada kalır, sobeleyenler ise mutlulukla kenara çekilir. Ebe olarak seçilen günah keçisine hata ile ilgili olumsuz düşünceler söylenerek hatası başına kalkılır.

Bundan kimseye bir fayda gelmeyeceği gibi konu ortalık yerde çözümsüz kalmaya devam edecektir. Nice sonra bir kısım diğerlerinin aklı başına gelmeye başlayacağından, rahatsızlık veren bu durumu çözüme kavuşturmak için yapılacak bir şey var mı diye bakılmaya başlanacaktır.

Kimi zaman düzeltme şansı halen mevcut olduğundan her şeye rağmen hatadan kaynaklanan olumsuzluk, temizlenerek bir biçimde kapatılır. Ancak çoğunlukla herkes dövünmek veya dövmekle zaman kaybettiğinden vakit biraz geç olur ve herhangi bir şey düzeltilemeden zaman akıp gider.

Önce var olan problemin üzerine eğilmenin 'Zaman Kaybı'nı önleyeceği açıktır. Dolayısıyla ilk olarak probleme eğilelim, çözmeye çalışalım, bunu başardıktan sonra da günah keçisi kimse, ona nasıl bir ceza vereceğimize bakarız.

- *Hayatın Okulu Yoktur!*

Yaşamı öğreten bir okul olmadığı gibi mezuniyet belgesi de verilmediğinden, bu belgeyi göstererek tatsız durumlardan sıyrılmak şansımız yoktur. Öğrenmemiz gereken ne varsa, onun dinamikleri içerisinde yaşayarak öğreniriz.

'Hata yapmama kursları' diye bir kurs da henüz olmadığına göre, uygulayabileceğimiz en işler yöntem, kendi geçmiş hatalarımızdan veya tanık olduğumuz başkalarının deneyimlerinden, faydalanmak üzere dersler çıkartmaktır.

Gerek kendimizin gerekse başkalarının deneyimlerinde bir önceki olay bir sonrakine tıpatıp uymaz. Bu nedenle aldığımız dersleri aklımıza dikkatle kaydetmeliyiz.

- *Tekrar eden hatalarda 5N Kuralı*

Devamlı olarak yaptığımıza inandığımız hataların detaylı bir incelemesini yapmamız, tekrar etmemeleri açısından bize yardımcı olacaktır. Bunun için kendimize altın değerindeki '5N Sorularını' sormakla işe başlayalım:

- Ne zaman?
- Nasıl?
- Nerede?
- Ne şartlarda?

-Neden hata yapıyoruz?

"Müdürümden o kadar ürküyorum ki; masama geldiğinde mutlaka yapılmaması gereken bir şey yapıyorum," veya "Yağmurlu günlerde o kadar dalgın oluyorum ki; devamlı hesaplama hataları yapıyorum,'

Bu örneklerde görüleceği gibi kimi zaman, istemeden de olsa çevremizdekilerden veya şartlardan etkilenerek istemeden yanlış bir yola sapabiliriz.

Bizi olumsuz yönde etkileyip, hata yapmamıza neden olan bir insan veya çok basit bir doğa olayı bile olabilir.

Bunları yaşarken fark etmeyebiliriz. Sonuca varmak içinse yapmamız gereken hatalarımız üzerinde detaylı düşünebilmeyi öğrenmektir. Bu bize daima bir sonraki benzer durumda önlem alabilme lüksü sağlayacaktır.

Öte yandan robot gibi programlamaya sahip olmadığımızdan ne kadar dikkat edersek edelim, hatalarımızın da daima bizlerle olacağını hesaba katmak durumundayız.

Rahatsız olup kendimizi üzmek yerine, insan olarak hata yapma özgürlüğümüz olduğunu unutmadan yaşadıklarımızdan ders çıkartmaya gayret etmek, hayat okulunda daha huzurlu bir öğrenci olmamıza yardımcı olacaktır.

SÖZLERİN VE DÜŞÜNCELERİN BÜYÜSÜ

Konuşurken kullandığınız olumsuz kelimelerin hayatınız üzerindeki negatif etkileri olabileceğinin farkında mısınız?

Peki ya söylediklerinizin, hatta düşündüklerinizin bile sizi nasıl kısıtlayabileceği veya sınırlarınızı ne kadar daraltabileceği konusunda herhangi bir fikriniz var mı?

Keşke söylemeseydim! Bunları aklıma bile getirmeseydim! Keşke hiç düşünmeseydim! Dediğiniz olaylarla karşılaştığınız oldu mu?

Peki ya konuştuğunuz veya düşündüğünüz şeylerin başınıza geldiğini gördünüz mü?

Zannederim hemen hepiniz bu tür duyguları zaman içinde yaşadınız.

Madem söylediklerimizin, hatta aklımızdan geçenlerin hayatımızda böyle değiştirici, yönlendirici ve güçlü bir etkisi var, o halde neden bu durumu kendi lehimize kullanmayı denemeyelim?

Öyle ya! Olumsuz kelimeler veya olumsuz düşünceler hayatımızı bu denli etkileyecek bir güce sahipse bu gücü hayatımızı olumlu yönde etkilemek ve daha mutlu olmak adına kullanmak sizce de daha mantıklı olmayacak mı?

Bunların yanı sıra, olumsuz sözler, düşünceler ve olumsuz kurulmuş cümlelerinde ikili ilişkilerimizi istenmedik bir şekilde etkilediği göz kapatılamayacak bir gerçektir.

O halde gelin bundan sonraki süreçte hep beraber bu konuda neler yapabileceğimize şöyle bir göz atalım.

Yaşanmışlıkları Tarayalım

Geçmiş, geçmiştir. Onu olduğu yerde bırakmak ve içinde bulunduğumuz ana yoğunlaşmak en akıllıca harekettir. Öte yandan gelişimimize katkıda bulunacaksa, yaşadığımız olaylardan ders çıkarmak gerektiği de açıktır. Bu nedenle kimi zaman geriye dönük bir tarama yapmak hayatımızı daha kontrollü yaşamak için gerekli olacaktır.

Geçmişimize dönük inceleme yaparken birkaç noktayı göz önünde bulundurmamız gerekecektir. Kendimizi incitmeden, söylenmiş sözler için pişmanlık duymadan, keşkelere takılmadan yolumuza devam etmeyi ilke olarak benimseyelim. Dikkat edeceğimiz bir diğer önemli konu da kendimize karşı açık olmayı becerebilmek olacaktır.

Diğer insanlardan kendimizi ve hissettiklerimizi gizlemek mümkün olsa da, olaylar bizim içimizde olup bittiğinden kendimizden gizlenmemiz pek olası değildir.

Kendimizi kandırmayı deneyebiliriz. Ancak bunu yaptığımızda bir süre sonra benliğimizi incitmek riskimiz doğacak bu da bizi mutsuz olmaya itecektir.

Hal böyleyken ne kadar açık ve rahat olursak düşünme sürecimizi de o kadar sağlıklı kullanmış oluruz. Gerekli özeni göstermeye karar verdikten sonra yapılacak şey hayatımızın önceki dönemlerini inceleyerek iki önemli noktayı bulmaya çalışmak olacaktır.

Acaba biz evvelce;

- Herhangi bir konuda olumsuz konuşup da bu durumun karşımıza çıktığını gördük mü?

- Sadece aklımızdan geçirmekle yetinip sonra da aynı durumu tüm olumsuzlukları ile yaşadığımız oldu mu?

Bulduklarımızı bir kenara koyup, yaptığımız hataları tekrar etmediğimiz sürece geçmişteki kayıplarımız bugünün kazanımları hanesine yazılabilir diye düşünüyorum. Bu kayıtlarımızı alıp daha sonra kullanılmak üzere bir kenara bırakalım.

Bu deneyim bize bundan böyle olumsuz düşüncelere kendimizi kaptırmamızın doğru olmadığını yeteri kadar göstermiştir zannederim.

Şimdiki Zaman Taraması Yaparak Kendimizi İnceleyelim

İçinde bulunduğumuz günün, anın, yaptıklarımızın, düşündüklerimizin, ağzımızdan çıkanların daha çok farkında olalım. Farkındalığımız ne kadar açık olursa, hatalarımızı yakalama ve tekrar etmekten kurtulma şansını yakalamak o denli yüksek olacaktır.

Evet, basit görünse de durum bundan ibaret! Yapmamız gereken söylediklerimize ve bunların sonrasında gelişen olaylara dikkat etmekten ibaret olacaktır.

Bu çalışmayı, yaşadığımız an içinde kendimiz ile ilgili farkındalığımızı arttırmak için yapmamız gerekecektir. Şimdi kendinizi hazır hissediyorsanız bir sonraki adıma geçebiliriz.

Olumsuz Düşüncelere Son!

Kişilerin diğerleri ile olan anlaşmaları yanında kendileri ile olan anlaşmaları da mevcuttur. Kendimiz ile yaptığımız anlaşmalar da kendimize karşı tutarlı olmamız açısından önemlidir. Böylesi anlaşmalarda kuralları biz koyup canımız istediğinde de biz bozduğumuzdan zaman ve zemine göre hareket edebilme şansımız da oldukça yüksektir.

Kendimizle yapacağımız anlaşma basit, kısa ve net.

Kafamızdan geçen olumsuz düşüncelere bir son vererek, bunları hayatımızdan çıkarıp atmak için elimizden gelen gayreti göstermek ki buna bir nevi 'Düşünceler ile savaş' da diyebilirsiniz.

Savaş evet ama sonunda bizim kazançlı çıkacağımız ve tek korunma silahımızın aklımız olduğu bir savaş. O halde gelin bu son derece basit yöntemi kullanarak kendimize yardımcı olmaya başlayalım.

Düşünce Değiştirme Yöntemi

Yapılacak şey herkes için tek ve son derece uygulanabilir. Hoşumuza gitmeyen, bizi bunaltan, kötü yönde etkileyen, her ne düşünce var ise aklımıza geldiği ilk anda kafamızdan atarak bunun yerine olayın tam tersini ve olumlu olanını koyalım. İlk zamanlar bunu yapmak zor gelse de insani olan bu tepkilerimizi görmezden gelip kendimizi olumlu olmaya yöneltmeye gayret edelim.

Olumsuz düşünceleri olumlu olanlarla değiştirelim demiştik. Demekle kalmayıp küçük bir örnek verelim ki konu daha rahat anlaşılsın.

Diyelim ki sınava gireceğiz. Herkesin hayatında bir şekilde sınava girdiği zamanlar mutlaka vardır. Varsayalım ki başarısız olma ihtimali de bizi çok korkutuyor. Kafamızdan bunu bir türlü çıkarıp atamıyoruz. Yemek yerken, hatta oturup çalışırken bile bu konu bir yerlerden aniden kafamızın içine yerleşip, bize soğuk terler döktürüyor.

Yapacağımız tek şey kendimizi başarısızlık düşüncesinden kurtarmak için önlem almaktır.

Nasıl mı? Bu olumsuzluk aklımıza her ne zaman gelirse durup kendi kendimize tekrar edelim.

'Ben bu sınavı başarı ile atlatıyorum.'

Burada dikkat etmemiz gereken şey; içinde bulunduğumuz anda sınava girmiş ve kazanmış gibi zihnimizi olumlamamız ve bu olumsuzluk kafamıza her ne zaman takılırsa aynı olumlamayı tekrar etmemiz.

Olumsuzluk İçeren Kelimelerden Ve Cümlelerden Uzak Duralım

Bu da kendimiz ile yapacağımız bir diğer önemli anlaşmadır. İnsanlarla ilişkilerimizde ve konuşmalarımızda daima olumlu cümleler kurmaya ve olumlu kelimeler kullanmaya özen gösterelim.

Nasıl mı yapacağız? Gelin ufak bir örnek ile hemen görelim.

Örneğin çocuklarla girilen diyaloglarda birçoğumuz nedense onlara daima yapmamaları gereken şeyleri söyleriz. Çocuklar da inatla yaptıkları her ne ise bıkıp usanmadan aynını uygulamaya devam ederler.

Olumsuz eklentili kelime ve cümleler özellikle çocuklarda belli bir direnç oluşturduğundan 'Yapma!' dediğiniz anda savaşı başından kaybetmeye razıyız demektir.

Size göre doğru olan davranış her ne ise onu yapmalarını söyleyerek duruma müdahale etmeyi denediğinizde sonucun değiştiğini göreceksiniz.

Unutmayalım tıpkı bizler gibi çocuklar da sonu 'me' veya 'ma' ile biten olumsuz kelimelere karşı inatla direnç gösterecektir.

Ne kendimizi ne onları yormamak adına yapılması beklenilen veya istenileni olumlu kurulmuş cümleler ile ifade etmek, iletişimde başarı şansımızı arttırır.

Suçlama Dolu Cümleler Kurmaktan Kaçınalım

İnsanlarla ilişkilerimizde söylemek istediklerimizi zihnimizin içinde biraz evirip çevirerek ve mümkünse öncelikle kendimizi onların yerine koyarak söylemeyi deneyelim. Dikkat edin söyleyeceklerimiz öncelikle bizim kulağımıza hoş gelmeli.

Gerçekten haklı olduğumuza inandığımız zamanlarda dahi karşımızdakilerin durumu ile ilgili değerlendirme yapmadan ve düşünmeden konuşmaktan kaçınalım.

İnsanları hataları nedeni ile suçlamak en kolay yoldur. Ancak şurası da bir gerçek ki hiç kimse suçlanmaktan hoşlanmaz.

Konuşmaya suçlamalarla giriş yapmaksa diyaloğu daha başlatmadan bitirmenize neden olacaktır.

Suçlama yapmak yerine, hissettiklerimizi anlatmak onların da duruma bizim açımızdan bakmalarına zemin hazırlayacaktır.

Bir arkadaşımızın istenmedik bir davranışı karşısında olumsuz bir cümle ettiğimizde durum genellikle pek tatlıya bağlanmaz, diyalog kapanabilir.

'Bu davranışın beni çıldırtıyor' gibi bir söylem karşısında insanlar ister istemez olumsuz tepkiler verebilirler.

Bunun yerine 'Ben bu davranışa üzüldüm' cümlesinin daha etkin bir sonuç alacağına inanıyorum. Üzüldüğümüzü ifade etmekle beraber direk suçlama içermediğinden kabul edilebilirdir.

Söylediklerimiz ne kadar az suçlayıcı unsur içerirse insanlar da bizi dinlemeye o kadar istekli olacaklardır. Böylelikle bizde hayatımızı ve ikili ilişkilerimizi daha kolay yürütmek fırsatı yakalamış oluruz.

Düşüncelerimize ve Hayatımıza Sınırlar Çizmekten Vazgeçelim

Kendimize sınırlar çizmek hatasına düşmek esasen tek başına uzun uzun incelenmesi gereken bir konudur. Ancak yeri gelmişken üzerinde kısaca duralım derim. Şunu yapabilirim, bunu yapamam gibi düşünceler bizi kısıtlamaktan öteye gitmez.

İnsan olarak bizler güçlü varlıklarız. Ne var ki gücümüzü ancak karşılaştığımız zor durumlar karşısında sınayabilme olanağı bulabiliriz. Hayat bizi zorlamadıkça içimizdeki güçten haberdar olmadan günlük ve sıradan olayları yaşamaya devam ederiz.

Öyle ya elmayı avucumuza koyan birileri varsa neden ağaca tırmanarak kendimizi yoralım ki?

İyi de ya bir gün o elma avucumuzun içerisine konulmazsa?

İşte o zaman gücümüzü denemek ve kendimizi bilmek zamanıdır!

Koşullar zor veya imkansız görünse de içimizde var olan gücümüz sayesinde konu her ne ise üzerine gidip uğraş verdiğimizde başarı kaçınılmazdır. Gerçek anlamda hiçbir güzellik önümüze altın tepsi içerisinde konulmaz. O halde kısıtlı görünen koşullara veya yapamayacağımız fikrine takılmak yerine, işin neresinden başlamamız gerektiğine bakalım.

Karşılaştığımız her zorlukta veya başarmak istediğimiz her işte öncelikle sakin kalmaya özen gösterelim. Olaylar arasında ayırım yapmadan her zaman ve her koşulda başarılı olacağımıza önce kendimiz inanırsak başarıyı elde etmede önemli bir adım atmış sayılırız.

Çalışmaya açık olup düşüncelerimizde kendimize engel koymaktan uzak kaldığımız sürece başarıyı yakalama şansımız her zaman daha yüksek olacaktır.

KAN DAVASI SATIN ALMAK

Bilmiyorum hiç tesadüf edip O'Henry okudunuz mu? Ünü geçtiğimiz yüzyıla ait bu Amerikalı yazarın değişik ve trajik olayları komik yanlarından göstererek, ağız dolusu kahkahalar eşliğinde aktaran sıcak bir dili vardır. En büyük özelliği ise başladığı her hikâyesini daima insanların içine işleyen bir ibret dersi ile bağlamasıdır.

İşte bu ünlü kara mizah yazarının öykülerinden birisidir 'Kan davası satın almak' Uzun yıllar evvel okuduğumdan hatırımda kalan en can alıcı noktaları ile paylaşıyorum.

Öyküye göre adam, orta yaşlı ve zengin birisidir. Hayatı rutindir ve canı da oldukça sıkılmaktadır. Bir gün son derece keyifsiz bulduğu yaşamını renklendirmek için seyahate çıkmaya karar verir. Parası da bol olunca karar verir vermez yollara düşer.

Hani seyahate çıkmakla can sıkıntısı geçmemiştir ama ne de olsa bir değişiklik diye kendisini avutmaktadır. İşte yine bunalımlar içinde bir barda otururken genç bir adamla tanışır.

Adam oldukça hareketlidir ve devamlı, sağına soluna bakmaktadır. Huzursuzluk içerisinde kıvrandığı her halinden belli bu adam bizimkinin ilgisini çekmiştir.

Bir süre sonra sohbete başlarlar. Konu konuyu açar en sonunda adamın kendisini öldürmek isteyen birilerinden kaçtığını ve temkinli davranışlarının, huzursuzluğunun hep bu sebepten olduğunu öğrenir zengin adam.

Artık nasıl oldu, ne gibi bir pazarlık yapıldı, işin o kısmı epeyce evvel bir zamanda kaldığından tam hatırlamıyorum ama kahramanımız bu duruma her ne hikmetse hayran kalır ve adama yüklü bir bedel ödeyerek onun yerine geçer.

Geçer geçmesine de hayatı, bundan sonra devamlı birilerinden kaçıp saklanmak durumunda kaldığından epeyce bir karışır.

Böyle bir davayı satın almak mümkün müdür veya 'Yok filancayı değil ben bu işin bedelini ödedim, beni öldüreceksiniz' diyecek kadar şuursuz olabilecek birisi var mıdır? Zannetmiyorum... Zaten varsa da ben tanımıyorum ama hayatın içinde kimi zaman bu kadar olmasa bile, bana hep bu minik hikayeyi hatırlatan durumlara da tanık olmuyor değilim.

Tıpkı bu küçük öyküde olduğu gibi bizler de ilgimiz olmayan işlere burnumuzu soktuğumuzdan, bazen de yanılıp şaşırdığımızdan yok yere zarar görebiliyoruz.

Aldığımız zarar bir yana, yakalamak ve elimizde tutmak için elli takla attığımız huzurumuzda hiç uğruna yitip gidiyor. Bu kadar lafını ettikten sonra dilerseniz kan davalarını nasıl satın alıyor olduğumuza şöyle bir bakalım.

Kan Davası Nasıl Satın Alınır?

Her ne kadar O'Henry hikâyesinde bunun mümkün olabileceğini yansıtmışsa da, kan davalarında ilgili kimse illa ki onunla hesap kapatılacağından, ülkemizde öyle kimsenin canının istediği gibi gerçek bir kan davası satın almasının mümkünü yoktur.

Bizim ilgi alanımıza girenler daha çok bedeli peşin ödenmeyen, sonucundan zarar görebileceğimiz ve sonradan bir bedel ödemeye mahkûm olabileceğimiz durumları kapsamaktadır. İşte bunlardan birkaçı:

- Başkalarının işine burnumuzu sokarak.

- Sorulmadığı halde ortaya atlayıp, kendimize göre altın değerinde, başkalarına göre ise tamamen gereksiz fikirler beyan ederek.

- Tartışan insanların arasına girip, özellikle taraf tutarak hakem rolüne soyunup insanların tepkilerini çekerek.

- Bir yerden bir yere konuşmaları taşıyıp, iletişim ağına gereksiz katkıda bulunarak.

- Aşık olup duygularımızı esir etmekte, huzurlu ve rutininde giden yaşantımızı altüst etmenin en garantili yollarından birisidir.

- Ağzımızla kulağımız arasındaki bağlantıyı kapatıp, ağzımızdan çıkan sözleri kulağımıza duyurmayıp, ölçüsüz, şuursuz konuşarak.

- Devamlı değişik kıyafetler giyip, neyimiz var neyimiz yok totem gibi üzerimizde taşıyıp, hırsızın, uğursuzun ağzını sulandırarak.

- Karşımızdaki insanları iyice dinleyip anlamadan söylediklerine evet deyip, neyi kabul ettiğimizi bile bilmeden onaylayarak.

- Bilmediğimiz, herhangi bir fikrimizin olmadığı konularda bilmece olarak kalan kısımları varsaydıklarımız ile tamamlayarak.

- Tutamayacağımızı bildiğimiz sözleri vererek.

- Hayır ve evet dememiz gereken yerleri iyi ayırt edemeyerek.

- İnsanlarla ilişkilerimizde davranışlarımızı ve tarzımızı ayarlayamayarak,

Kan davası satın alabilmemiz mümkündür.

Bu ve benzeri davranışlar her ne kadar istenmedik olsa da, dikkat etmediğimiz taktirde olumsuz sonuçlara yol açabilecek hareketler olup, ağrımayan başımızın ağrımasına neden olabilir.

Ruh sağlığınızı ve iç huzurunuzu muhafaza etmek istiyorsanız bu ve benzeri davranışlardan uzak durmak daima lehinize olacaktır.

HAYAT PASTASI

Hayat her tarafı farklı tatlardan oluşan bir pastaya benzer. Binlerce dilime bölünmüş bu pastadan payımıza kimi zaman acı, kimi tatlı, bazen de bol kremalı dilimler düşer.

Kimi insana hep bol kremalı dilimler mi düşer dediniz? Zannederim bu sadece bir yanılsamadan ibarettir. Ünü neredeyse gezegen sınırları dışına taşacak olan ünlülerin de pastanın tüm dilimlerini tattıklarını düşünmek içinizi rahatlatır mı bilmem ama doğru olduğuna emin olabilirsiniz.

Her sabah uyandığımızda o gün hangi tat veya tatlardaki dilimin şansımıza denk geleceğini bilemeden yaşamaya başlarız.

Bütün pastayı bir anda mideye indirebilmemiz nasıl ki mümkün değilse hayatı da bir anda yaşayıp bitirmemiz olanak dahilinde değildir.

O halde biz de hayatın bu tür sürprizlerine hazırlıklı olup duruma göre yaşamayı öğrenmeliyiz. Bu arada telaşa kapılmadan ve huzursuz olmadan yaşamak da bizi rahatlatacak diğer bir artıdır. Kısaca pastayı nasıl yiyeceğimizi öğrenmeliyiz ki lokmaları yutmakta zorlanmayalım.

Hayat Pastasını Yeme İlkeleri

Hayatı bir pastaya benzetmişsek bunun birde yeme adabı olacaktır. Gelin hep beraber bu pastayı yemenin adabına kısaca bir göz atalım.

Konsantrasyon

Genel olarak çözümlenmesi veya üzerine düşülmesi gereken bir tek konu ile güne başlamayız. Şansımıza her zaman birden fazla program çıkacaktır. Her şey bir arada tamamlanmayacağına göre hangi konu acilse öncelikle ona eğilmeyi öğrenmek hayrımıza olacaktır.

Bu sayede işleri karıştırmadan çözme şansımız yükselir. En acil problem üzerine yoğunlaştığımızda hata yapma riskimiz azalır. Konsantrasyon burada anahtar kelimedir. Bu dikkati kolay dağılan kimi insanlar için zordur. Ancak istenildiğinde öğrenilebilir bir özellik olduğunu bilmemiz içimizi rahatlatacaktır.

Bu alışkanlığı edinmek için çeşitli kitaplar okumak yanında, pratik çalışmalar da yapmak da bize yardımcı olacaktır. Uzun süreli konsantrasyon çok ciddi bir çalışma gerektirmekle beraber yardımcı olmak açısından işler bir örnek olması nedeni ile 'Robin Sharma'nın 'Ferrarisini Satan Bilge' kitabında kullanılan yöntemi biraz değiştirerek kısaca özetlemeye çalışayım.

Güle Odaklanma Çalışması

Gül son derece zarif bir süs çiçeği olmakla beraber çalışmamız açısından vazo içinde etrafa hoş kokular yaymaktan daha önemli bir görev üstlenecektir.

- Vazo içerisine yaprakları açılmış tek bir gül koyalım.

- Oturarak rahat bir pozisyon alalım.

- Gülü görebileceğimiz yakınımızda bir yere koyarak tam göbek kısmına odaklanalım.

- Zihnimizi serbest bırakalım. Kendimizi zorlamayalım. Gelen ne varsa aklımızdan aksın gitsin.

- Başladıktan sonra ilerleyen anlarda gülün yapraklarını da incelemeye devam edelim. Yapacağımız tek şey gözümüzü gülden ayırmamak olacaktır.

- Bu alıştırmayı yaparken başlangıç süremiz on dakika olabilir.

- İstersek ve ihtiyacımız olduğunu düşünüyorsak ilerleyen günlerde süreyi uzatabilir veya uygun gördüğümüz başka bir alıştırma ile değiştirerek çalışmamıza devam edebiliriz.

- Bu sürede hiç konuşmamaya ve dış etkenlerce rahatsız edilmeyeceğimiz bir ortamda bulunmaya özen göstermek önemlidir.

Yaşamın Tatlarını Birbirine Karıştırmayalım

- Yaşadığımız her anın bize verdiği görev, bize yaşattıkları ve ondan öğrendiklerimiz farklıdır. Bunun bilincinde olarak sevinçli anlarımızın kederli anılarla gölgelenmesine izin vermeyelim. Sevincimizi rahatça, coşkulu ve hiçbir şeyden korkmadan yaşamayı öğrenelim.

- Kötü anlarda aklınıza iyi olayları getirerek motive olmanıza kimsenin bir itirazı yoktur. Bu sadece iyi olanı yaşarken kötü olanla karıştırıp zedelenmemesi için verilen bir tavsiyedir.

Böyle zamanlardan sonra daha yüksek bir morale sahip olacağımızdan, çözmemiz gereken bir problem varsa bunun için de gücümüzü toplamış oluruz.

Bu arada canımızı sıkan bir konu varsa bu durumun geçici olduğunu bilip ona göre yaşamaya devam etmek içimizi rahatlatacaktır.

- Sevinçli anları bir daha hiç bulamayacakmış gibi doyasıya yaşamak gayretini gösterelim. Merak etmeyelim birazcık sevindik diye karanlık günler bizden öç almaz.

Her ne kadar kültürümüzde 'Çok gülersen sonunda ağlarsın' sözü yaygınsa da bundan kasıt kahkahalar sonrası vücudun verdiği normal fiziksel tepkidir.

- Her şeyi yaşanması gereken anda yaşanması gereken şekilde yaşamak için niyet etmemiz ve bu ufak kurala sadık kalmaya çalışmamız gerekecektir.

- Hayat devam ederken rüzgar gibi geçen günlerin, ayların ve anların farkında olmaya gayret edelim.

Kimi zamanlar mutsuz olabiliriz. Bu mutsuzluğun diğer anlara yansımaması için nerede kesmemiz gerektiğini konusunda kendimizi eğitmek durumundayız. Canımızı sıkan bir durum varsa bunun için sonsuza dek üzüntüye boğulamayız. O halde kesmek üzere bir başlangıç yapmak ve bunu ne zaman yapacağımıza karar vermek tamamen bize aittir.

- Mutlu olabilmek de ayrı bir maharettir. Nasıl mutlu olmak gerektiği konusunda eksiklerinizi tamamlamak için kendinize ancak siz yardım edebilirsiniz. Kimi zaman insan mutsuzluklara o denli kendisini kaptırmış olur ki neşeli ve keyifli olması gereken anlarda bile bunu yapmayı beceremez.

- Hayatımızda üzüntü yaşadığımız zamanların süresini azaltmaya, sevinçli anlarımızın da süresini korkmadan uzatmaya gayret etmek bu anlamda güzel bir başlangıç olacaktır.

PROBLEM TERMİNATÖRÜ OLUN

Terminatör önüne çıkan her şeye zarar verir. Zarar vermek bir yana sadece bir tek amaca odaklanmıştır.

Yok etmek!

Sizler de huzurunuzu arttırmak için güçlü birer 'Problem terminatörü' olmaya ne dersiniz?

Sevelim ya da sevmeyelim problemler her zaman karşımıza çıkacaktır. Bize düşense onları çözerek yolumuza devam etmektir.

Hayatta yüz yüze geldiğimiz sorunlar her zaman matematik kitaplarındaki formüller uygulanarak çözülecek denli düz değildir. İlkokuldan itibaren havuz problemlerini çözüp dursak da karşımıza çıkanların bunlarla uzaktan yakından alakası olmayabilir.

Evrenin hiç birimize özel bir kastı olmamakla beraber tıpkı herkese yaptığı gibi problemleri önümüze koyar, çözümünü ise yeterliliğimize ve sağduyumuza bırakır.

Madem bu iş bize kalıyor o halde bir an evvel savaşmak için kendimizi eğitmek üzere yola çıkmak akıllıca olacaktır.

Her problemin illaki bir çözüm yolu bulunur. Sonuç hoşumuza gidebilir veya gitmeyebilir. Nasıl ki çözüm tek değilse herkesin hoşuna gitmesi konusunda bir garanti de yoktur. Başarı karşılaşılan problemin minimum zararla atlatabilmesidir.

Matematik problemlerini çözerken kullandığımız formüller hayat problemlerini çözerken derdimize deva olmamakla beraber analitik bakış açısı kazandırdığından bize destek verecektir. Ölçüp, çizmekle de olmayacağına göre cetveli, pergeli de masanın görünür bir yerine kaldırdıktan sonra Geriye ne kalmış bir bakalımJ

Problem Çözme Arzusu

Problem her ne olursa olsun, hassas bir noktası mutlaka vardır. Çözüm zaman alabilir. Süreç uzun veya tahmin edilenden kısa olabilir. Ancak her iki durumda da insanın içinde öncelikle 'Çözüm isteği' olması gerekir. Bu konuda isteğiniz varsa çözme gücünü zaten içinizde hissedeceksiniz.

Anahtar Cümle... 'Sakin Olmak'

Hayatın her aşamasında kendimizi dış dünyaya açık tutmak ve sabit fikirli olmamak durumundayız. Bu arada aklımızda tutmamız gereken;

- Hiçbir problem dünyanın sonu değildir.
- Biz ne yaparsak yapalım dünya dönüp duracaktır. Bu arada sadece dövünmekle zaman kaybedersek konu çözülmemiş bir yumak halinde önümüzde kalmaya devam edecektir.

Geçen zaman sadece bu sorunları hayatımızda barındırmamızı kolaylaştırır. Müdahale şansını dövünmeyi bırakmadıkça yakalamamız mümkün değildir.

Verileri Toplayalım

Veri toplamak problem çözümlerinde en önemli aşamalardan birisidir. Ne kadar veri toplanırsa çözüme o kadar yakın olunacağı bir gerçektir.

O halde bir sonraki aşama toplayabildiğimiz kadar çok veriyi bir araya getirebilmektir.

Kasıt Aramakla Vakit Kaybetmeyelim

Kasıt aramak vakit kaybettirici bir unsur olup, olan biteni çözmeye çalışacağımıza kasıt aradığımızda gereksiz vakit kaybetmiş oluruz.

Öte yandan kasıt aramak mantıklı olmamızı önler, veri toplamamızı zorlaştırır.

Kendimize ve başkalarına zarar vermekten kaçınmak adına mümkün olduğu kadar bu gereksiz eylemden uzak duralım.

Topladığımız Verileri Gruplayalım

Ortada çözülmesi gereken bir problem varsa ve biz de verileri toplamışsak, yolu daha kısa zamanda aşabilmek için birbiri ile ilişkili görünen verileri gruplayalım. Veriler arasında ilişki görmediklerimizi de bir kenarda tutmayı ihmal etmeyelim. Neyin ne zaman işimize yarayacağı hiç belli olmaz.

Fikir Alıp Danışmaktan Çekinmeyelim

Problem çözümlerinde kimi zaman tek başımıza çalışmamız yeterli olmayabilir. Varsa ilgili kişilerle gerekli bağlantıları kurarak işimize yarayabilecek tüm bilgileri depolayalım.

Herkesin akıl danıştığı, fikrini sorduğu birileri mutlaka vardır. Çözülmesi gereken problem, verilmesi gereken önemli bir kararla ilgili ise, fikir almamız gereken kişilerden akıl sorup sormadığımızı kontrol edelim. Alacağımız fikir belki sonucu etkileyecek belki de en ufak bir etkisi bile olmayacaktır. Unutmayalım ki bazen ufacık bir cümle tüm süreci değiştirebilir.

Kafamızın Karışmamasına Dikkat Edelim

Elbette bir dolu veri toplamak veya güvendiğimiz insanların fikrini almak kimi zaman kafamızı karıştırabilir. her şeyi birbirine karıştırmamak için görüşme sonuçlarını not alalım. Böylelikle kendimize unutma şansı vermemiş olacağız.

Hesaplaşma Yapılacaksa Bile Zamanı Var!

Son olarak problemi yaratan belli bir kişi ise bu konuya dikkat vermekten kaçınalım. Önce problemi çözelim. Buna sebep olan insanları cezalandırmamız gerekiyorsa onlarla hesaplaşmayı da sonraya bırakalım. Sabırlı davranmak her zaman akılcı bir hareket olup vakit kaybetmemizi önleyecektir.

Problemi Evrelere Ayıralım

Şimdi dilerseniz gelin saydığımız şıkları hayata nasıl geçirebileceğimize bakalım. Bunun için de önce problemi evrelerine ayıralım. Böylelikle hem çözüme daha yakınlaşmış hem de problemi çözerken kendi huzurumuzu kaçırmamış oluruz.

- Yalnız kalacağımız rahat ve huzurlu bir mekan bulalım. Kirli seslerin ve kokuların yer almadığı bir ortam olmasına gayret edelim.

- Mekan saptamasından sonra yanımıza bir kağıt birde kalem almayı unutmayalım.

- Birden fazla problemimizin olması normaldir. Ancak bu işlemi yaparken püf noktası sadece bir tek probleme odaklanmaktır.

- Rahatlamaya gayret ederek problemi aklımızdan uzaklaştırmaya çalışalım.

- Mantığımızın aklımıza hakim olduğuna inandığımız ilk anda problemin ne olduğunu düşünmeye geçebiliriz demektir.

- Konuyu detayları ile düşündükçe uygun gördüğümüz yerlerde aklımıza gelen çözümlerle ilgili notlarımızı almaya başlayalım. Bunlardan kimi mantıklı, kimi mantıksız gelebilir. Önemli olan biz çözüm yolu üretmeyi deneyecek denli mantığımıza hakim duruma geçebilmektir.

- Çözüm ile ilgili saptamaları yaptıktan sonra üzerinden bir gün geçmesini bekleyelim. Geçen süre içinde bu konuyu aklımıza hiç getirmeyelim.

- Ertesi gün yine huzurlu bir mekanda çözüm önerilerimizi yeniden kendimize sunarak gözden geçirelim. Bir gün beklememiz konuya daha mantıklı bakmamıza yardımcı olacaktır. Bu kez içinden ayıklamamız gerekenleri ayıklayarak gerçek çözümlerimizle baş başa kalalım.

- Çözüm yolu tek değilse her biri ayrıca denenmek üzere çözümleri plan haline getirmemiz gerekecektir.

- Bu evreleri geçerken bir problem terminatörü olduğunuzu sakın aklınızdan çıkartmayınız.

Hiçbir şey dünyanın sonu değildir. Problem ne kadar önemli olursa olsun hayatın rutini değişmez. Güneş doğar, batar, mevsimler değişir. Bizler de yaşamaya devam ederiz. Durmaya karar verdiğimizde ise çözüm üretmek şansını hiçbir zaman yakalayamayız.

Oysa problem kime aitse çözüm yolu bulmak da onun görevidir.

KENDİNİZLE DOST OLMAK

Kendini sevmek huzurlu ve başarılı olmak isteyen her insanın sahip olması gereken önemli özelliklerden birisidir.

Deneyim gerektirir kendini sevmek. Her şeyden önce tüm kalıcı dostluklarda olduğu gibi açık olabilmek gücünü gerektirir.

Kişinin kendisi üzerinde çalışması, kendisine yakın olması, değer verip emek harcaması gerekir.

Neyse ki resim yapmak gibi kısıtlı bir yetenek olmadığından isteyen herkes biraz dikkat etmek koşulu ile 'kendine açık davranabilmek yeteneğine' kolaylıkla sahip olabilir. Kaldı ki kötü resim yapan birisi bile eğitim ile bu işi öğrenebilir.

Kendimi sevmek eylemi birisinden komut alarak uygulayabileceğimiz herhangi bir durum değildir. Kimi insanlar zaten kendileri ile barışık olduklarından bu doğal bir özellik olarak kişiliklerinin parçası haline gelmiştir. Hatta bazılarında aşırıya kaçıp Narsisizme konu olabilecek boyutlara bile varabilir.

Önemli olan; her kişilik özelliğinde olduğu gibi bunda da denge yakalamayı başarabilmektir.

Çocukluğumuzda kendimize ait minicik bir dünyada yaşarken pek farkında olmayız da, büyüyüp eleştirilere hedef olmaya başladıktan ve sorumluluklarımızın artmasından sonradır ki kendimizden uzaklaşmaya ve içimizdeki beni yok saymaya başlarız.

İçimizdeki beni yok saymak taşınması pek de hoş olmayan bir risktir. Zaman içinde kendimize yabancılaşmamıza, eleştirilerden ve karşılaşılması muhtemel hayat problemlerinden daha fazla etkilenmemize neden olur.

Yabancılaşan benimiz artık bize gereken zamanda ihtiyacımız olan desteği veremez hale geleceğinden huzurumuz da azalır. Moral toplamamız güçleşir.

Buna engel olmak için alınabilecek en güzel önlemlerden birisi ruhumuzdan kopmamaya uğraş vermektir. İnsan kendisi ile dost olduğu sürece dışarıdan gelen huzursuzluklara karşı daha da dirençli olacaktır.

Değerli Olmak En Doğal Haklarınızdandır

Dünya üzerinde yaşayan istisnasız her varlık değerlidir. Kaldı ki insan olarak bizlerin kendi değerimizle ilgili olarak şüpheye düşmemizin herhangi bir anlamı yoktur. Değerimizle ilgili gereksiz kaygılara kapıldığımızda sadece kendimize haksızlık etmiş oluruz.

Değer izafi bir kavram olup kişiden kişiye değişir. Değişmeyen tek şey ise hepimizin mutlak surette değerli olduğumuzdur.

İnsan olduğumuz için değerliyiz.

Nefes aldığımız için değerliyiz.

Bu dünyada yaşamaya herkes kadar hakkımız olduğu için değerliyiz.

Değerli olduğumuzu bilmemiz için birilerinin bize değer verdiğini söylemesi veya bu doğrultuda bir davranış tarzı sergilemesi gerekmez.

Yaşamaya devam ederken kendimizin değerli olduğumuzun farkında olmamız ve bunu kabul etmemiz işimizi kolaylaştıracaktır.

Değerli olduğunu düşünmek ve buna göre davranmak her insanın en doğal haklarından birisidir. Kimsenin size aksini düşündürtmesine izin vermeyin.

Kendinize Karşı Açık Olun

Kendimize yapabileceğimiz bir diğer iyilik de açık davranmayı becerebilmektir. Bu da var olan hatalarımızı kabul etmekle başlar. Kabul etmeyi öğrenip samimiyetle baktığımız zaman kendimizi sevmek yeteneğine sahip oluruz. Hiç kimse hatasız değildir. Bu gerçeği göz önünde tuttuğumuzda kendi hatalarımızı da daha kolay görme şansımız olacaktır.

İnsan olarak kusursuz olmak doğaya aykırıdır.

Kendinize Nazik Davranın

Etrafımızdaki herkese nazik ve dostça davransak bile kimi zaman kendimize nazik olmayı ihmal ederiz.

Hoyratça eleştirir, bundan da etkilenebileceğimizi aklımızın ucundan bile geçirmeyiz. Kendimizle ilgili yaptığımız değerlendirmelerde hatalarımızın fazla olduğunu düşünüyor olabiliriz. Kendimizi cezalandırmak yerine, hatalarımızı en aza indirgemek için kendimizle işbirliği yapmayı denemeliyiz. Kendimize dostça davranmak konu ile ilgili en önemli can yeleğimiz olacaktır. Özellikle hatalarla yüz yüze geldiğinizde kendinize ne kadar değerli olduğunuzu bir kez daha hatırlattığınızda yapılması gereken iç hesaplaşmalara daha kolay başladığınızı göreceksiniz.

Her Konuda Başarılı Olamayız!

Beş parmağın beşinin de aynı olmadığı gibi, insanlar arasında da farklılıkların olması son derece doğaldır.

Bundan hareketle başarılı olduğumuz işler gibi başarısız olabileceğimiz işler olduğunu da aklımızda tutmalıyız.

Her şeyde en iyi olabilmeyi başarmak ancak robot formatına sahip olabilmekle mümkündür. İnsanın formatı ise duygularla tatlandırıldığından robot gibi davranabilmek zor hatta neredeyse imkânsızdır.

Başarılı olamadığımız işlerin de var olacağını bilerek, olumsuz yönde etkilenmeyip kendimizi suçlamadan yolumuza devam edebilmek akıllıca olacaktır.

Din, dil, ırk, milliyet gözetmeyen felsefesi ile yüzyıllar öncesinden günümüzü yakalamayı başarmış büyük âlim ve felsefe ustası Mevlana bir, iki cümle ile bakın ne kadar da güzel toparlamış konuyu:

'İnsanlar birazda kusur ve yanlışlıklarıyla güzeldir. Başkalarına zarar vermeyen zaaflara da hoşgörülü olmak gerekir'

Mevlana bile ben kusursuzum demiyor ve yaşananların insan olmanın sonucu olduğunu düşünüyorsa neden biz kusurlarımız veya eksik kaldığımızı düşündüğümüz konular için kendimizi yıpratalım.

Zannederim bu konu üzerinde şöyle detaylıca düşünmeye değer. Ne dersiniz?

BÖLÜM 2

HUZURA YELKEN AÇALIM

İçimizde hayatımızın sonuna dek bizimle beraber olan bir dostumuz var.

Ruhumuz...

Onu hayatın çırpınışları içinde yok saymak yerine, içimizde olduğunun, bize daima yardımcı olacağının farkında olarak yaşayalım.

Ona gereken önemi verdiğimizde çabamız asla boşa gitmeyecektir. Ruhumuza gösterdiğimiz özen bize huzur olarak geri dönüş yapacaktır.

Herkesin ruhu ile sağlıklı bir iletişim kurabilmesi iç huzuru açısından gereklidir.

Huzur hayatın olmazsa olmazlarındandır.

Hayat okulunda huzurlu birer öğrenci olmanız dileği ile...

Kendinle Olma Terapisi

Trafiğin bile işimizi kolaylaştırmak yerine problem olduğu, kimi zaman insanların bir diğerini dinlemek zahmetine bile girmediği koca evrenin içinde minicik bir yer kaplayan dünya isimli gezegende yaşayan bizler...

Acaba kendimize hiç zaman ayırabiliyor muyuz?

Evet! Zaman ayırıyoruz diyenler...

Bu değerli zamanımızı kendimizle hesaplaşarak mı, yoksa kendimizi şımartarak mı geçiriyoruz?

Hatalı Seçim Yapmak Dünyanın Sonu Mu?

Hatalı meslek, arkadaş, eş, sevgili seçimleri ile bunalıyor olduğumuz anlarda kendimizi dinlemeye zaman ayırıyor muyuz? Kendimize saygı gösterme, önemseme ve mutlu edip motive etme fırsatı bulabiliyor muyuz? Etrafa şöyle bir bakacak olursanız hemen herkesin şu veya bu sebeple hatalı seçimlerden payını almış olduğunu kolayca görebilirsiniz. Göze çarpacak diğer bir unsur da bunları düzeltmek veya düzelmek çabası vermek yerine, tekrarlayarak kişinin kendisini mutsuz etmeye devam etmesidir. Oysa yaşanılan andaki durum ne olursa olsun tek çare düzeltmeye çalışmak olup bunun nasıl yapılacağına dair anahtar da sadece sizin elinizdedir.

İçimizdeki 'Ben'i Unutmayalım!

Kendi içimizdeki 'beni' hiç düşünmeden yaşam savaşının bir ucundan tutmuş bırakmamaya çalışarak devam ediyoruz.

Sanki her şey bitmiş gibi davranıyor ve bulunduğumuz noktada, sağa, sola bazen geriye savrularak yaşamak için gayret gösteriyoruz. Oysa aklımızda tutmamız gereken en temel kurallardan birisi; geri gittiğimiz gibi ileri de gidebileceğimizdir.

Söylediklerimin yanlış anlaşılmasını istemem. Bunlar birer suçlama değil. Sadece tespit.

Hata yapmak biz insanlara özgü bir kavramdır. Hata yaptık, belki yapıyoruz, kuvvetle muhtemel hayatımızın devam eden kısmında da yapacağız.

Yaptığımız yanlış seçimlerin ve hatalarımızın nedenleri farklı olabilir ve birbirimizin hataları hakkında en ufak bir fikrimiz de olmayabilir. Bilmemiz gereken; çözümlerin içimizde, o küçücük bedenimize sığınmış engin dünyada saklı olduğu...

Herkesin içinde bulunduğu koşullar, yaşadığı problemler, hatta acılar farklı olabilir. Elbette ben de tıpkı diğer insanlar gibi sizin sebepleriniz hakkında bilgi sahibi değilim.

Bu kitapla yapılmak istenen herkese uygun, ya da duruma göre anında çözüm sağlayan bir öneri vermek değil.

Her insanın problemi farklı bir boyut içerdiğinden, verilecek formül tek olamaz.

Öte yandan dünyanın en bilge kişisi de ben değilim ki, olayları dinleyip herkesin derdine uygun birer çözüm üretebileyim.

Keşke mümkün olsaydı da yapabilseydim, ancak önerebileceğim, benim zaman, zaman uyguladığım kendimi şımartma ve motive etme programım. Buna 'Kendi kendimle toplantı' veya 'Kendinle olma terapisi' diyorum.

Yapılması basit, yöntemleri pratik olan bu terapide ilk ihtiyaç mümkünse günde on beş

Dakikalık bir zaman diliminin kendimize ayrılması.

Bir günde 24 saatin olduğunu ve bunun toplamının da 1440 dakika ettiğini göz önünde bulundurduğumuzda kendimize ayıracağımız 15 dakikalık sürenin çok da önemli bir zaman dilimi olmadığını rahatlıkla görebiliriz.

İçimizdeki ben ise o kadar değerli ve mutlu edilmeyi de bir o kadar hak ediyor ki zannederim bu 1440 dakikanın içinde masum bir on beş dakikanın bu kadar değerli bir varlığa, ruhumuza ayrılması bizim için hiç de zor olmayacaktır.

Bu anları katıksız olarak kendimize ayıramadığımız zamanlar elbette olabilir. Ancak hiç olmazsa iki günde bir kendimizle kalmaya özen göstererek kendimiz için güzel bir şeyler yapabilmek mutluluğunu tadalım.

Eğer benimle aynı fikirdeyseniz şimdi paylaşmak istediğim yöntemin ana ögelerine geçelim.

1. Evinizde yalnız kalabileceğiniz, sesten ve kokudan mümkün olduğu kadar arınmış, herhangi bir nedenle rahatsız edilmeyeceğiniz uygun bir köşe bulalım.

Değişik sesler duyduğumuzda aklımız ister istemez bunlara kayacak bu da terapimizin verimini düşürecektir.

Sessiz ve uygun ortam herkesin evi için farklı bir yer olabilir. Yalnız kalacağınız bu yerin size huzur verip vermediğine de dikkat etmek gerekecektir. Bu nedenle başlamadan evvel gerekirse bir gün boyunca evinizin farklı bölümlerini dolaşarak, nerede huzuru buluyorsanız mekan olarak bu bölümü saptamanızı önereceğim.

2. Yalnız kalacağımız yere karar verdikten sonra, oturup düşünmek için kendimize fırsat verelim. Düşünelim ama bugüne dek yaptığımız ve halen yapmaya devam et-

tiğimiz güzel şeyleri, hayatta sahip olmaktan gurur ve mutluluk duyduğumuz maddi manevi değerleri. Bizimle olmalarından mutluluk duyduğumuz güzel insanları. Ulaşmayı başardığımız amaçlarımızı.

Düşündüğümüz güzel şeylerin yegâne bize ait olması gerekmez. Örneğin çocuğumuz varsa onun başarılı olduğu ufacık bir iş bile bizimle alakalı olan bir şey olabilir. Ona iyi bir ortam, iyi yaşam koşulları veya hiç biri değil de verdiğimiz güçlü sevgi sayesinde onun elde ettiği bir başarı dahi neticede katkıda bulunduğumuza inanıyorsak bizim de başarımızdır.

Bir ev hanımı olabilirsiniz, unutmayın aile fertlerinin hele de eşinizin dışarıda çalışıyor olup eve rahat bakmasında bile sizin payınız kaçınılmazdır.

Kısaca sizin de tuzunuzla katkıda bulunduğunuz bir çorba illa ki vardır. Yeter ki siz bulup ortaya çıkartmayı bilin. Bunları hayat telaşında kaybetmemek ve sahip çıkmak adına kimi zaman kendimize bizim hatırlatmamız gerekebilir.

Siz sadece düşünün... Güzel şeyleri çağırdıkça onlar gelip nasılsa bizi bulacaktır.

Masum bir çocuğu oynarken veya yemek yerken seyretmek, alışverişe gittiğimiz marketteki satış elemanına gülümsemek, o gün aldığımız gazetede bizi güldüren bir haber bile olabilir bu o gün için yapmış olduğunuz güzel şey.

Anahtarımız; süreçte bizi huzursuz edecek kötü şeyler düşünmekten kaçınmak olacaktır.

3. Terapimiz esnasında, geçmişimizde yaşadığımız olumsuz olaylar takılmayalım. Biliyorsunuz zihin boş va-

kit buldu mu hemen yapması ve yapmaması gerekli geçmiş muhasebelerine takılarak kendisi ile hesaplaşmaya kalkar.

'Keşke' ya da 'Pişmanım' gibi sözcüklerle boğuşmayalım. Bırakalım bu 'Ah Keşke' hayıflanmaları, oldukları yerde bize bundan böyle 'Ne yapmamamız ' gerektiğini gösteren birer hayat deneyimi olarak kalsınlar.

Olmuş olayların 'keşke' kısmını sorgulamak ruhumuzu huzursuz etmekten başka bir şeye yaramayacaktır. Bunun için de keşke kelimesi ile başlayan düşüncelerden mümkün olduğu kadar uzak duralım.

Her toplantı mutlaka tutuk ve soğuk bir şekilde başlar. Tıpkı bunun gibi bizde kendimizle ilk toplantımızı gerçekleştirdiğimizde biraz zorlanabiliriz.

Mesela ben bu uygulamaya ilk başladığımda, keşkelerimi aklımdan çıkartmakta biraz zorlanmıştım. Birkaç gün düzenli olarak devam ettiğimizde olayların değişmeye başladığını gözlemleriz. Tabi hemen uyum sağlayanlarınız da olabilir.

Yaptığımız güzel şeyleri düşünebiliyor ve keşkelerimizi ilk başlarda ne kadar zor olsa da bir köşeye bırakabiliyorsak, kendimize değer vermeyi öğrenmeye başlamışız demektir.

Bu da başlangıç için hiçte azımsanacak bir başarı değildir.

Unutulmaması gerekir ki bizler bu evrene ait, ayrı ayrı değerli ve güzel canlılarız. Hepimiz güzel şeyleri hak ediyoruz. Ancak bunu öncelikle kendimizin kabul etmesi gerekir.

Zaaflarımız, iyilik ve güzelliklerimizle bizler birer insanız, içimizde dış görünüşümüzle kıyaslanamayacak ölçüde büyük bir dünya olan ruhumuz saklı.

Bu ruhun ise doyurulması, motive edilmesi, şımartılıp yüceltilmesi gerekir ki bize yaşantımızın her alanında destek olabilsin, olur da düşüşe geçersek bizi o boşluktan çekip çıkarabilecek gücü olsun.

Kendimizi yaşlı, yorgun, her şeye geç kalmış hissediyor olabiliriz. Hayatımızda farklılıklar yaratmak adına bazı atılımlar yapmak istediğimizde koşulların buna izin vermeyeceğini de düşünüyor olabiliriz. Herkesin iç dünyası kendisine ait olduğundan bu konuda neyin ne olduğunu en iyi kişinin kendisi bilecektir.

Her birimizin problemlerimizin farklı olması yanında problemlerle savaşma ve onları kaldırabilme gücümüzde farklılıklar göstermektedir.

Öte yandan bu ve benzeri düşünceleri bir yerde kesip bugün ve gelecekte iç huzurumuzu yakalayabilmemiz için ruhumuza sahip çıkmamız, yaşam sürecinde onu incitmememiz gerekir.

Ona zarar vermemek içinse öncelikle engellerimizin çeşitlerine bakmak gerekecektir.

Buradaki anahtar ise engellerimiz bizden mi, başkalarından mı kaynaklandığını tarafsız bir gözle tespit edebilme başarısıdır.

Bizden Kaynaklanan Engeller

Öncelikle kendi içimize dönerek moral ve motivasyona ulaşmamızı zorlayan engellerin olup olmadığını gözlemlemeli ve var ise yine kendimizden yardım alarak bunları ortadan kaldırmayı hedeflememiz gerekir.

Sosyal ilişkilerimizi incelediğimizde çoğu zaman karşılaştığımız durumlardan birisi insanların kendilerine moral vermek yerine, içlerindeki engellere takılarak çökmeleridir.

Üstelik çoğumuz da bunu alışılmış bir bilinçsizlik içinde yaparız. Engellerimize bazen o denli güçlü sarılır ve o kadar ikna oluruz ki, geri dönüp bakma gereği duymaz, ne ile savaştığımızı bile düşünecek fırsatımız olmadan kendi anaforlarımız içerisinde kayboluruz.

İnsanın başka birisi tarafından konulmuş engellerle savaşması her zaman daha kolaydır. Başkaları ile savaşta güçler eşittir. Normal şartlar altında iyi savaşan kazanır.

En zorlu savaş ise insanın kendisi ve kendi içi ile verdiği savaştır ki burada en tehlikeli olan konu kazanacak olanı kişinin kendisinin ve zaaflarının belirlemesidir.

Dilerse engellerini tek, tek ortadan kaldırır. Kaldıramıyorsa engelin başka bir tarafından geçerek kazanmak için bir yol bulur. Ancak maalesef bir de insan istemezse kısmı vardır ki... İşte böyle zamanlarda da kişi bile isteye kendisine ve engellerine yenilir.

O halde keşke kavramı ile savaşmayı bırakabilmiş, kendimize değer vermeyi öğrenebilmişsek, şimdide günlük on beş dakikalık süremizi başka bir şeyi düşünmek üzere ayırmayı öneriyorum.

Neyi mi?

Hayatımıza kendimiz tarafından konmuş engeller olup olmadığını elbette!

Düşünün, sadece düşünün...

On beş dakika boyunca hayatınızı dilediğiniz gibi yaşamanıza engel olan nelerin olduğuna bakarak terapinize devam edin.

Neler yapmak istiyorsunuz da yapamadınız?

İstediklerinizi neden gerçekleştiremediniz?

Aslında nasıl bir yaşam sürmek istiyordunuz ve şu anda nasıl bir yaşam sürdürmektesiniz?

Hayatınızı istediğiniz gibi yaşamanıza engel olan şeyler nelerdir?

Detaylı düşünmeniz gerekmekle beraber dikkat edilmesi gereken, sadece sizin koymuş olabileceğiniz engelleri bulmaktır.

Başkaları tarafından konulmuş engeller var ise bunları daha sonra, kendi kendimize vereceğimiz savaşı kazandığımızda masaya yatırıp incelemek daha doğru olacaktır. Bunun için acele edip panik yapmamıza gerek yok. Sadece kendinize ihtiyacınız olan zamanı tanıyın.

Ben mini etek giymek istiyorum, annem de buna engel oluyor, çok mutsuzum annem benim gibi düşünmedikçe ben asla mutlu olamam, her şeye karışıyor.

Ya da tam tersi, bu kız neredeyse bir karış eteklerle dolaşmak istiyor, bana saçımı başımı yoldurtuyor, çocuğum akıllanmadan bana huzur yok.

Gezmek istiyorum, ama küçük bir bebeğim var, kimselere bırakamıyorum, ben hayatımı nasıl düzeltirde mutlu yaşarım gibi sorunların şu anda konumuz dışında kaldığına nazik dikkatlerinizi bir kez daha çekmek isterim.

Doğaldır ki sahip olduğumuz ve başkalarının yol açtığı dertler, engeller bu örneklerde verdiğim gibi komik veya tahmin edilemeyecek denli acı verici olabilir.

Ancak şu anda biz kendi kişilik savaşımızı verdiğimiz ve var ise kendimiz kaynaklı engellerimizi araştırdığımızdan bu değerli on beş dakikamızı bunları düşünerek geçirmeyeceğiz diyor ve bir sonraki aşamaya geçiyoruz.

Aslına bakarsanız bir sonraki aşamaya hak kazanmış oluyoruz. Kendimizi motive ettik, kendimize bir değer olduğumuzu gösterdik. Keşkelerimizden kurtulduk, kendimizi inceledik böylelikle de bir sonraki aşama için hak kazandık.

Bundan sonraki aşamayı da kendimizi ve engellerimizi düşünerek değerlendireceğiz. Bakalım kendi kendimize neler yapmış, ruhumuzun önüne ne gibi barikatlar kurmuşuz?

Burada da en önemli anahtarlardan birisi her zaman olduğu gibi bu kez de kendimize açık olabilmeyi becerebilmektir.

Düşündükçe karşımıza çıkan sonuçlar kimi zaman bizi utandırabilir hatta bazen de kızdırabilir. Sakın korkmayın siz en yakın sırdaşınızla yani kendinizle iletişimdesiniz.

Öte yandan düşündükçe ortaya çıkan ve hoşumuza gitmeyen engeller için kendimizi suçlamak, incitmek ya da kendimize sitem etmekten kaçınalım.

Tespit yapıp, bu tespitleri de sadece kendimiz bileceğiz. Başkası ile paylaşmak arzumuza kalmıştır. Unutmayalım ki bu işin patronu biziz başkası değil!

Şimdi dilerseniz bulgularınızı bir kağıda dökebilir veya bir kayıt cihazına kendi sesiniz ile kaydedebilirsiniz. Kayıt almamızın nedeni ise oldukça basit.

1. Her zaman aynı performans ile düşünemeyebilir, kendimize karşı her zaman yeteri kadar açık olamayabiliriz.
2. Bulduklarımızı unutabiliriz. Zihin enteresan bir mekanizmadır. Biz bazı şeyleri unutup es geçmek istiyorsak, bu jesti her zaman yapabilmek şansı mevcuttur.

3. Kayıtlarımızı alıp bir süre sonra okumaya veya dinlemeye başladığımızda engel gibi görünen şeylerin bir kısmı oldukça saçma ve hatta komik gelebilecektir.

Ancak bunu bir şekilde gözlerimizle görüp kulaklarımızla duymamız gerekir ki saçma olduklarına emin olup onlardan vazgeçebilelim.

Başkalarından Kaynaklanan Engeller

Hayatımıza tüm engelleri biz koyuyoruz veya her şeyin yegâne suçlusu biziz diyemem. Elbette hayatımızı engelleyen, bizim dışımızda kalan ve kontrol edemediğimiz türlü koşullar da mevcuttur. Ancak evvelce de söylediğim gibi şu anki konumuz sadece kendimizle hesaplaşmak ve varsa kendimizden kaynaklanan problemlerle ilgilidir. Bu durumu farklı bir terapi ile çözülmek üzere ileriki bir zamana bırakıyoruz.

Şu ana dek, kendimizi dinlemek, ruhumuza yakınlaşmak, varsa engellerimizi tespit etmek fırsatı bulduk. İnsanın kendisine ve ruhuna yakın olması önemlidir. Onu ne kadar iyi tanıyorsanız o kadar yakın olursunuz. İyi tanıyabilmek için de ilgilenmek ve dertlerini bilebilmek gerekir.

Bağlantınız sürüp yakın olduğunuzda ise iş birliğine girme şansınız yükselecektir. Bunun için ruhunuzu kendi başına bırakmadan, rahatsızlık hissettiğiniz anlarda gerçek sebebi bulabilmek adına bu terapiden faydalanmanızı öneririm. İnsanın yalnız kalarak kendisini dinlemesi ve saptama yapması, gereken zamanlarda kullanılmak üzere hazır cephane bulundurmak kadar faydalıdır.

HUZUR İÇİN KENDİNİ YENİLEME TERAPİSİ

Kimi zaman içimizde yarattığımız dünyaya kendimizi hapsedip, dışımızda kalan hayatı red ederek, aynı şeyleri giyer, aynı şeyleri yer, aynı yerlere gider, aynı şeyleri yapar ve kendimizi tekrar ettiğimizin farkına bile varmadan hayatımıza devam ederiz.

Bunu yaparak sınırlı bir döngü içerisinde kendimizi yaşamaya mahkûm etmemizin mutlaka ki çeşitli sebepleri vardır.

Problemlerden bunaldığımızdan kendimizi yorgun hissediyor olabiliriz. Belki önemli bir problemimiz yoktur da, farkındalığımız tekdüze olmanın hayatımıza verdiği zararı göremeyecek denli kapalıdır.

Sebep ne olursa olsun döngünün içerisine kendimizi o kadar kaptırırız ki, kaybolduğumuzu ve etrafımızda bulunabilecek basit güzelliklerle bağlantımızı kestiğimizi aklımıza bile getirmeyiz.

Tekdüze yaşamak ve sınırlı döngüler içerisinde geçen bir hayat, huzurumuza ket vurabilecek tehlikeli unsurlardır.

Oysa kişinin kendisini zaman içinde yenileyerek tazelemesi gerekir.

Bu sayede hem hayatın değişik tatları olduğunun farkına varır, hem de bir an dahi olsa kendisini yenilediği için memnuniyet duyar.

Kendimizle ilgilenmek, özen göstermek, yenilenmek ruhumuzu motive ederek zorluklar karşısında daha güçlü olmamıza yardımcı olacaktır.

Yapılması çok kolay ve herhangi bir maliyet içermeyen bu işlem sadece biraz zaman harcamamızı gerektirecektir.

Korkmayın konunun üstümüze başımıza yeni kıyafetler almamız veya bütçemizi gözden geçirip kurcalamamızla uzaktan yakından alakası yoktur.

Gelin dilerseniz yenileme terapimizin aşamalarına hep beraber şöyle bir göz atalım.

Kendimize Söz Verelim

- Her şey kendimize vereceğimiz ufacık bir söz ile başlar. Bu nedenle önce yenileneceğimize ve kendimiz için iyi bir şeyler yapacağımıza dair kendimize söz verelim.

Dünya üzerinde yapılan en önemli anlaşmalar insanların kendileri ile yaptıklarıdır.

Kimse sizi görmez, siz söylemezseniz hiçbir şey bilemez. Bunun için de kendimizle yaptığımız anlaşmaların kolaylıkla bozulmak gibi bir şanssızlıkları vardır.

Ancak kendimize olan saygımız ne kadar fazlaysa, yaptığımız anlaşmaları bozmak da o denli zor olacaktır.

Her anlaşma gibi kendimizle yaptığımız anlaşmaların da zaman ve çevre şartlarının değişmesi ile birlikte yeniden gözden geçirilmeleri gerekebilir. Öte yandan kendimize bir söz vermişsek ve bu söz de bizim için faydalı olan bir unsuru içeriyorsa anlaşmamıza sadık kalmaya gayret etmemiz gerekecektir.

İçinde Yaşadığımız Mekânlara Dikkat!

- Kendimizle anlaşmaya vardıktan sonra, evimizin içerisine şöyle bir göz atalım. Acaba değiştirilmesi gereken bir şeyler var mıdır?

Şurası yadsınamaz bir gerçektir ki evimizin içerisinde bulunan bir eşyanın veya bir odanın yerinin değiştirilmesi bile insan ruhuna tarifi imkânsız bir huzur duygusu verebilir.

- Ufak tefek değişikliklerden sonra yaratılan yeni durum içimizi rahat ettirmeye yettiyse problem yok.

Halen tamamlanmamış bir şeyler olduğunu düşünüyorsak evimizi bu kez alıcı bir gözle inceleyerek ihtiyacımız olmayıp da halen yaşam alanımız içerisinde tuttuğumuz herhangi bir eşyanın var olup olmadığına bakmamız gerekecektir.

Bu tür eşyalar varsa, kullanımımız için gerekli değilse ve vazgeçebiliyorsak ihtiyacı olanlara verilmek üzere bir kenara ayırmak akıllıca olacaktır.

Gereksiz Eşyaları Hayatımızdan Çıkartmayı ya da Paylaşmayı Öğrenelim

- Genel temizlikten sonra sıra kendimize ait olan dolabımızı gözden geçirmeye gelmiş demektir.

İhtiyaç duymayacağımız her ne türde eşyamız varsa bunları gerçekten ihtiyacı olanlara verilmek üzere yine seçilen diğer eşyaların yanına koyalım.

Kullanılmayan ve kullanılmayacak olan eşyalar hem evin içerisinde gereksiz bir alan kaplar, hem de evde dolaşan enerjiyi olumsuz yönde etkiler.

Ev ne kadar sade, düzenli ve kullanıma elverişli olursa içerisindeki olumlu enerji yükselecek ve buna paralel olarak da içinde yaşayan insanların huzurları güçlenecektir.

- Eğer çalışıyorsak, kademeli temizliğimizi işyerimizde de uygulamamız hzurumuzun devamı için faydalı olacaktır.

Burada detaylı bir değişiklik yapmak şansımız yoksa kendi masamız, dolap ve çekmecelerimiz ile yetinelim.

Masamızın üzerinde güzel bir temizlik yapalım. Çekmecelerimizin içerisinde gereksiz olan ne varsa ayıklayalım.

Günümüzün büyük bir bölümünü veya tamamını masa başında geçiriyorsak, düzenlerken gözümüzü rahat ettirecek ve kullanım kolaylığı sağlayacak şekilde olmasına dikkat edelim.

Hayat alanlarımızda gerekli değişiklik ve elemeleri yaptıktan sonra ortaya çıkacak olan eşyaları nasıl değerlendireceğimiz sorusu karşımıza dikilecektir.

Bunun için en akıllıca yol onları ihtiyacı olabilecek insanlara dağıtmaktır. Burada üzerinde duracağımız önemli nokta onları gerçekten ihtiyacı olacak kişilere verebilmektir.

Kendi evimizde veya iş yerimizde yer tutan gereksiz eşyaların dağıtılmasının önemli yararları vardır.

- Bu tür eşyalarımızdan kurtulduğumuzda hayat alanımız genişleyecektir.

- Unutulmamalıdır ki ihtiyacı olanlara vermekle onların işe yarayacak yerlerde kullanılmalarına aracılık etmek şansına sahip olacağız.

- Birilerine faydalı olduğumuzu hissettiğimizden doğal olarak içimizdeki huzur katsayısı da yükselecektir.

- İnsanların gözlerindeki mutluluk hissi bize de ister istemez yansıyacak ve kendimizi daha mutlu, daha güvenli hissetmemize yardımcı olacaktır.

- Bu terapiyi belli periyotlarda ayda bir veya iki kez yapmak çevremizi değiştirip yenilememize yardımcı olup daha güzel bir ortam içerisinde yaşamamızı sağlayacaktır.

Terapiyi her tekrarladığımızda atılacak bir şeyler çıkartmamız gerekmeyecektir. Hele birkaç elemeden sonra etrafımızın oldukça sadeleştiğini göreceğimiz için muhtemelen bir iki terapi sonra sadece eşya yerlerini değiştirmekle yetineceğiz.

Terapi elbette burada son bulmuyor. Bir sonraki aşama kendimizi yenilemek adına gayret vermek olacaktır.

Kendimizde, görünümümüzde ve alışkanlıklarımızda ufak tefek oynamalar yaparak yenilenmemiz mümkündür.

Değişmek İstiyorsak Alışkanlıklarımızla Oynayalım

Yenilenmek ve tazelenmek isteyen insanlar genel olarak ilk anda saçlarının stil ve rengiyle oynamayı tercih ederler. Kimi zaman çok başarılı sonuçlar verebilecek bu tür bir uygulama bazen de aniden ve düşünülmeden yapıldıkları için sonrasında huzursuzluklara neden olabilir. Dolayısıyla saçımızla, başımızla oynamayı daha sonraki bir zamana üzerinde düşünerek bilinçli kararlar vererek yapmak üzere bırakıp başka nasıl yenilenme alternatifleri olabileceğine dikkatlice bakmak gerekir.

Böyle bir yenilenme harekatına alışkanlıklarımızı gözden geçirerek başlayabiliriz.

- Her sabah kahve içmek alışkanlığımız varsa, bunu hiç olmazsa birkaç gün bırakıp güne taze bitkilerden elde edilmiş çeşitli çaylarla başlayalım.

Deneyenler nane çayının bu anlamda mükemmel bir sonuç verdiğine tanık olacaklardır. Denemeyenlere ise şiddetle önerilir! Kaybedecek bir şeyimiz olmadığı gibi içimize bahar kıvamında bir tazelik vereceğini de göreceksiniz.

- Yemek yeme alışkanlıklarımızdan memnun değilsek onlarla oynayarak, ağır ve yağlı gıdalar yerine, daha hafif ve zeytinyağlı yiyecekler tüketerek hem vücudumuza hem de ruhumuza bir hafiflik getirmeyi deneyelim.

Yeni beslenme şekli ile vücudumuzu şaşırttığımızda ruhumuzun moralinin yükseldiğine tanık olmanın ayrı bir keyif olduğunu göreceksiniz.

- Konsantre meyve suları, asitli içecekler kullanmak yerine mümkün olduğu kadar taze sıkılmış meyve suları içmeye özen gösterelim.

Elma suyu içmek istiyorsak bir rende ve temiz bir tülbent bu işi görebileceğinden, sert meyve presimiz olmasını beklememize gerek olduğunu da zannetmiyorum.

Ufak ve faydalı bir değişiklik hem vücudumuzu zararlı maddelerden koruyacak, hem de ekstra vitamin girişi sağlamamıza yardımcı olacaktır.

Vücudumuz Bizimdir Ona Dikkat Etmek Görevimizdir

Yaşadığımız bu hayatta ruhumuzun yegâne evi olması nedeni ile yüksek düzeyde önem verilmeyi hak etmektedir.

Bu nedenle gereksiz ve ağır olabilecek ne varsa evimize almamakta her zaman kararlı olmalıyız. Ona iyi bakmak ve yenilenme işleminden payını almasına yardımcı olmak da bizim görevimizdir.

- Sabahları duş alarak güne merhaba diyelim. Bu bizim gün başlangıcında kendimizi daha temiz ve hafif hissetmemize yardımcı olacaktır.

Günü kapatmadan evvel de ılık bir su ile banyo yapmak uykumuzu daha huzurlu uyumamız için olmazsa olmaz şartlardan birisidir.

Su auramızı da negatif etkilerden temizleyeceği için gün içerisinde ve gece yatağa girdiğimizde ister istemez daha olumlu bir havamız olacaktır.

- Bu şekilde birkaç gün geçirdikten sonra da halen istiyor ve gerekli görüyorsak saçımız ile ilgili değişiklikler için kafa yormaya başlayabiliriz.

- Giyimimizde mutlaka ufak tefek farklar yaratmaya çalışalım. Kadınlar için takı ve aksesuarlar bu konuda yardımcı olabilecek unsurlarken, erkekler için kravat ve kullanılan giysilerin renginde değişikliğe gitmek küçük ama keyifli farklılıklar yaratacaktır.

Ufacık bir değişiklik ve yenilenmenin bizi ne kadar olumlu etkileyeceğine deneyimledikçe tanık olacaksınız. Hele bu değişiklik dışarıdan fark edilir de övgülerle desteklenirse işte o zaman kimse keyfinizi kaçıramaz.

Dış dünyamızdaki insanlar bize ne kadar yakın olsalar da bazen üzerimizdeki değişiklikleri fark etmeyebilir. Kimi zaman etse de söylemeyebilir ya da özellikle bu konuyu açmaktan kaçınabilir.

Kendimiz onaylayıp bu beğeniyi hissettikten sonra dışarıdaki insanları bu konuda zorlamaya gerek yoktur.

Unutmayalım biz bu değişiklikleri sadece kendimiz için yapıyoruz. Önce kendimiz beğenmeli ve huzurlu olmalıyız. Gerisi zaten kolayca gelecektir. Kendinize olan inancınızı ve beğeninizi asla kaybetmeyin.

MUTLULUK OYUNU

Hayat sürecinde kimi mutlu kimi mutsuz anlarımızın olması doğaldır. Mutlu olmak kavramı da herkese göre değişkendir.

Bunları hepimiz biliyoruz da; mutluluğumuzu desteklemek için özellikle uzak durmamız gereken bazı hatalar olduğunun farkında mıyız? Gerçi hata insan olmamız nedeni ile hayatımızda istemesek de var olacaktır. Ancak bilip de hakim olabileceklerimiz varsa bunları göz ardı etmemek gerekir diye düşünüyorum.

Hakim olabileceğimiz hatalardan birisi mutluluk anlayışımızı bizim dışımızdaki insanlara odaklamaktan kaçınmaktır.

Mutluluğumuzu başkalarına veya koşullara endekslemek yerine kullanabileceğimiz bir diğer şans mutlu olabileceğimiz koşulları kendimiz yaratmak için uğraş vermektir.

Mutlu olmak ise kişinin hayatı algılayışına, hayattan beklentilerine ve mutlu olmak için ne kadar gayret ettiğine bağlıdır.

Sihirli Değneği Beklemekle Vakit Kaybetmeyin!

Koşulların bir gün lehinize gelişip de sizi mutlu edeceğini beklemek yanılgısına düşmeyin. Hayat devam ederken koşullar onun dinamikleri içinde elbette değişecektir. Bu kimi zaman kişinin lehine, kimi zamanda aleyhine olacaktır. Bir bilinmezi bekleyip zaman harcamak yerine o beklentiyi hayatınızdan çıkartmak aklınızın karışmasını önleyecektir.

Küçük Şeylerle Mutlu Olmak Becerisini Keşfedin

Her ne kadar beylik laflar kategorisinde incelenip burun kıvrılsa da 'Küçük şeylerle mutlu olmaya çalışmak.' deyimini unutmayın.

Bu deyimi aklınızda tutarken, gözlerinizi açıp etrafınıza bakın. Sahip olduklarınızın farkına varın. Konu ile ilgili çaba gösterilmeniz gerektiği ve bunu öğrenmenin zaman alacak bir eylem olduğuna katılıyorum. Ancak başlangıcı yaptığınızda devamının geldiğini görerek kısa sürede rahatlamanız sizin ödülünüz olacaktır.

Zaman içerisinde, kendinizi eğittikçe küçük mutlulukları hayatın içinden seçip çıkartma yeteneğinize siz bile şaşıracaksınız.

Mutluluğu hiç kimse getirip kucağımıza bırakmaz. Bizim mutluluk için gayret gösterip emek vermemiz gerekir.

Bekliyorum! Olursa Mutlu Olacağım!

Dediğiniz anda yarışı kaybettiğinizi bilin. Mutluluğunuzu gelişecek herhangi bir olaya veya duruma endekslediğiniz anda yaşadığınız sadece sonu gelmeyen bir bekleyiş olacaktır.

'Bu olay gerçekleştiğinde mutlu olacağım.' gibi bir cümleyi hayatınızın dışına atın. Bu olay her ne ise kendinizi bunu bekleyerek zaman geçirmek riskine sokmayın.

Mutluluğunuzu bilinmeyen, ileri bir tarihe erteleyerek kendinize haksızlık edip dünya üzerinde geçirdiğiniz zamanınızdan çalmak kendinize haksızlık etmekten başka bir şey değildir. Böyle bir haksızlığa layık olmadığınızın bilincinde olun.

Mutlu Olduğunuzda Kimsenin Bunu Bozmasına İzin Vermeyin

Sebepli veya sebepsiz eğer kendinizi mutlu hissediyorsanız, sizin dışınızda birilerinin bunu engelleyecek sözler söylemelerine izin vermeyin.

Söylemekte direnenler çıkacaktır. O halde bu sözlerin bir kulağınızdan girerken hemen diğer kulağınızdan çıkmasını ve beyninizi tamamen terk etmesini sağlayın.

Hayat Beklentisi Olan ve Bu Yolda Savaşanlara Cömerttir!

Unutmayın ki bu dünyada geçirilecek bir zamanınız var. Bunun ne ara son bulacağına siz karar veremezsiniz. Uygun an gelene dek hayattan alabildiğinizi alın.

Hayat beklentileri olan, beklentileri peşinde koşan ve bu yönde çaba gösteren insanlara karşı cömerttir. Yeter ki siz istemeye karar verin ve istediklerinize odaklanın.

Kuralları uygularken bir yandan da kendinize ek destek vermek için takip eden satırlarda size özel hazırladığım 'Mutluluk Terapisi'ni bulacaksınız. Bu sizi hem motive edecek hem de mutluluk fikrine odaklanmanızı sağlayacaktır.

Şimdi terapi adımlarımıza dikkatlice bakalım.

- Uyumadan evvel kendinizle bir anlaşma yapın. Ertesi gün 24 saatin uyumadığınız her saniyesinde, sizi mutlu eden, yüzünüzü güldüren olayların tamamını doyasıya yaşayacağınıza dair kendinize söz verin.

Böylelikle ilk adımı atmış ve beyin farkındalığınızı mutluluk konusuna odaklamış olacaksınız.

- Sabah yataktan kalktığınız andan itibaren yapmış olduğunuz bu anlaşmayı kendinize hatırlatın. Bugünü kendinize ayırdığınızın bilincinde olarak hem kendinizi ve hem de etrafınızı inceleyin.

Günlük sorumluluklarınızı yerine getirirken hangi şartlarda yüzünüzün güldüğünü ve kendinizi ne zaman mutlu hissettiğinizi belirleyin. Üşenmeyerek buna dair ufak notlar alın.

- Mutlu değil ama mutsuz olmak kimilerimizin hayatının ortalık yerine kurulmuş bir risktir. Kişi zamanla mutsuzluluğu artık doğal bir olguymuşçasına kabul etmeye başlar. Bunu o denli benimser ki kimi zaman mutlu olması gereken anlarda bile bunu algılamaktan aciz hale gelebilir. Dolayısıyla yaşadığı mutlu an herhangi bir kötü anı ile kolaylıkla gölgelenebilir.

Kendinizle anlaşmanız olduğunu unutmadan, bugünlük üzücü olabilecek her ne varsa bunu görmezden gelin. Bu tür duyguları umursamadan çöpe atarak yolunuza devam edin.

'Hadi bakalım sen şimdi mutlu ol!' demekle mutlu olacak halimiz yok. Öte yandan mutluluğu kimse bize kontenjandan bedava vermez. Vermez vermesine ama söke

söke alabilmeyi öğrenebilmek şansımız var ve bunun için de hiçbir zaman geç değildir.

- Gün içerisinde mutlu olduğumuz anları kağıda dökmek yanında kafamıza da kazımak akıllıca olacaktır. Bunun için gerekirse yaptığınız işe ara verip birkaç saniye için mutlu olduğunuz anları yeniden düşünün.

- Akşam mümkünse yalnız olduğunuz bir ortamda gün içinde aldığınız notları inceleyerek işe başlayın. Notları gözden geçirirken mutlu olduğunuz andaki duyguları yeniden hissetmeye çalışarak duygularınızın yenilenmesi için kendinize yardımcı olun. Bu notları okuduktan sonra sizin enerjinizden uzak olmayacağı yakın bir yere koyarak saklayalım.

- Uykuya dalarken de bu kez bir sonraki gün, mutlu olduğumuz anları çoğaltacağımıza dair kendimize söz verelim.

- Ertesi sabah kalktığımızda kendimize verdiğimiz sözü unutmayalım. Bir önceki gün olduğu gibi kendimizin ve etrafımızın farkında olalım.

Mümkünse bir önceki gün nelerden mutlu olmuşsak, moralimizin düşmeye başladığını hissettiğimiz anda onları tekrar edelim. Böylelikle gün içinde mutlu olduğumuz anları arttırmak gayreti içine girmiş olacağız.

- Her şeyin fazlasının zarar verici olabileceğini aklımızda tutarak, bir önceki gün bir çiçeğe bakarken veya bir arkadaşımızla konuşurken mutlu olmuşsak bir ertesi gün onların yanından ayrılmamak gibi bir abartıya kendimizi kaptırmayalım.

Mutluluğumuzu mümkün olduğu kadar çeşitlendirerek yolumuza devam etmeyi tercih edelim.

- Yapılan birkaç günlük uygulamadan sonra zaman içerisinde oyunun alışkanlığa dönüştüğünü göreceksiniz. Bize sadık olan beynimizin büyük bir beceri ile bizi mutlu eden anları olaylar arasından rahatça çekip çıkardığına tanık olacaksınız.

Unutmayın her şey gibi mutluluk da çaba harcamayı gerektirir. Her ne kadar dünyaya merhaba derken ağlıyorsak da bunu sadece doktorumuzun dürtüklemesi sayesinde ciğerlerimizin açılması için yaptığımızı unutmayalım.

Bu hayata ağlayıp sızlamak için gelmedik! Mutluluk öncelikle bizim avuçlarımızdadır.

POZİTİF TARTIŞMA SANATI

Tartışma genellikle problem haline gelmiş belli bir durumun çözümüne yönelik olarak yapılan sözlü bir fikir alış verişidir. Öte yandan bu işin nasıl yapılacağını bilmiyorsak kesinlikle huzurumuzu bozan ve bizi mutsuz edip moralimizi eksinin altına düşürecek bir eylemdir.

Nasıl başlarsa başlasın sonunda biri veya diğerinin fikri galip gelir. Kimi zaman orta yol bulunarak anlaşma sağlanır, bazen de sonuçsuz kalır.

Sonuçta haklı olanın fikrinin ortaya çıkması iyidir de, tartışma adabından habersiz ve tartışmayı kavga ile karıştıran insanlardan birisi ile bu çoklu oyunu oynamak durumunda kalmışsanız vay halinize.

Birçok şeyde olduğu gibi tartışmanın da, bir adabı ve uyulması gerekli kuralları vardır. Bu kurallar yazılı olmayıp, uyulmazsa kimse kanun zoruyla sizi adapte etmeye uğraş vermez. Sonuçlarına katlanmaya hazırsanız, uymamak hakkınız daima saklıdır.

Tartışmaktan uzak kalmak ve zorunda kaldığımız zaman ise adabına uymakta hem iç huzurumuzu hem de insanlarla olumlu iletişimimizi korumamıza yardımcı olacaktır.

Şimdi dilerseniz gelin tartışmaya girmek durumunda olduğumuzda gerek kendimize dikkat etmek ve gerekse karşı tarafı yaralamamak için yapmamız gerekenleri bir terapi tadında gözden geçirelim.

- İşin başında var olması gereken bir tartışma adabından söz etmiştik. Her türlü adaba herkesin bizim anladığımız biçimde uyum göstermesini beklemek gibi bir lüksümüz yoktur. Bu nedenle açıkça gerekmedikçe insanlarla hele de tanımadıklarımızla tartışmaya girmemek daima huzurumuzu koruyacaktır.

Sonucun ne olacağını bilemediğimiz gibi insanların davranışlarının biçimini ve sınırlarını da kestiremeyeceğimizden dikkatli olmak olumsuzluklardan uzak kalmamıza yardımcı olacaktır.

- İstemeden de olsa tartışma içine çekilmişsek kendi adımıza, illaki bir adabı olduğunu aklımızda tutmaya gayret etmeliyiz.

İşte sizlere tartışma esnasında yönetimi elde tutmak için birkaç altın kural:

Vücut Dilimize ve Sesimizin Tonlamasına Dikkat

- Tartışma esnasında, gözlerimizi bilinçli kullanabilmeyi öğrenmek daima faydamıza olacaktır. Karşımızdaki insanın ne zaman gözlerine bakıp, ne zaman gözlerimizi üzerinden çekmemiz gerektiğini dikkatli ayarlamamız süreçte bize yardımcı olacak en önemli silahlarımızdan birisidir.

Karşımızda bulunan insana gözlerimizi dikmek kimi zaman meydan okuma, gözlerimizi kaçırmakta suçlamayı kabul veya ürkme anlamına gelebileceğinden, gereksiz yanlış anlamaları başından önlemiş oluruz.

- Ne kadar soğukkanlı görünseniz de özellikle sizi iyi tanıyan insanlarla tartışma ortamı içerisinde kalmışsanız vücut diline dikkat etmek de işimizi kolaylaştıracaktır. Bazen yapılan ufak bir mimik o anda vermeyi istediğimiz mesajın yanlış algılanmasına neden olabilir.

- Eliniz kolunuz ne kadar ağrısa da asla kollarınızı kavuşturmamaya dikkat edin. Vücut dilinden zerre kadar anlamayan insanlar bile günümüzde kollarını kavuşturmanın karşındakinin fikrine katılmamak ve konuya kapalıyım mesajını vermek amacı ile yapıldığını varsaymaktadırlar.

- Tartışma esnasında ses tonumuz ayrı bir özeni hak eder. Agresif olmaktan uzak sohbet havasında bir tonlama daima lehimize puan kazandıracaktır.

Saygımızı ve Sükunetimizi Bozmamaya Dikkat

- Tartışmayı kan davasına dönüştürmemek için sinirli olsak da, bunu belli etmemeye saygı kurallarının gerektirdiği şekilde hareket etmeye özen göstermekte sürece uygun hareketlerden birisidir.

- Kendi fikirlerinizi kabul ettirmek için tepinmekten kaçınmak bizi daha az yıpratacaktır. Tartışma ortamını bilmediğiniz şeyleri öğrendiğiniz bir platform olarak kabul etmekte huzurunuzu muhafaza etmenize yardımcı olacaktır. Hiçbir konuda değilse bile karşınızdaki insanın ne zaman sinirlenebileceğini veya sınırlarını öğrenebilmek adına sakin olmak size kolaylık sağlayacaktır.

- Karşınızdaki insan dilediği kadar sinirlenebilir. Siz adrenalin seviyenizi normalde tutmaya özen gösterin.

Sinirden zıplayan hormonlar vücuda zarar verip olumsuz değişiklikler yaratarak zayıf düşmenize nende olur.

Gerekirse yanınızda bir paket çikolata bulundurun. Sinirlenmeye başladığınızı hissettiğiniz anda ağzınıza atarsınız. Kaldı ki tutamadığınız sinirlerin gerilmesi tartışma bitiminden sonra dahi sizi etkilemeye devam edecektir.

Bu ufak noktalara dikkat edildiği zaman tartışma sonucu ne olursa olsun, insanlarla yaşadığımız problemler daha az olur. Huzurumuz kaçmaz. Önemli olan huzur içinde yaşayabilmek değil midir?

ELEŞTİRİ YÖNETİMİ - ELEŞTİRİ SANATI

Eleştiri, eleştirilen insan açısından genellikle sıkıntı yaratan huzursuzluk verici bir durumdur. İyi ve güzel şeyleri, başarılarımızı başkalarının ağzından duymayı severiz. Ancak konu olumsuz yönlerimizin paylaşımına gelince hani neredeyse kulaklarımıza pamuk tıkayıp mümkünse o ortamdan kaçmayı isteriz.

Şaka bir yana, kimi insanlar eleştiri yapmaktan keyif alırlar. Ancak bunu karşısındakinin duygu ve düşüncelerine aldırmaksızın yapanlar vardır ki özensiz davranışları nedeni ile tatsız durumlar yaratmaları kaçınılmazdır.

Eleştirmeyi sevenler yanında özellikle eleştiri yapmaktan kaçınan insanlar da vardır. Bu grup ise 'Herkesin ne hali varsa görsün' diyerek, gördüklerine gözlerini kapatır. Kimimiz eleştiri almaktan hiç hoşlanmaz. Duyduğu ne varsa kulak arkası ederek bildiği yolda devam eder.

Ama önemli bir kısmımızda, gelen her eleştiriye göre farklı bir tavır alarak, kendi eşeğine nasıl bineceğini şaşırır.

Bir çoğunuz zannederim Nasrettin Hoca'nın aldığı eleştiriler nedeni ile kendi eşeğine nasıl bineceğini şaşırdığı hikayesini okumuştur.

Bilmeyenler veya unutmuş olanlar için de dilerseniz şöyle ufak bir hatırlatma yapalım.

Nasrettin Hoca, bir köyden diğerine doğru yanında oğlu ve eşeği olduğu halde yolculuk ederken köyün delisi ile karşılaşır.

Hepsinin yürüyüp eşeğinde boşta olduğunu gören deli kahkalarla gülerken dalga geçer 'Aman ya hocam' der 'Eşek önde siz arkada gidiyorsunuz'. Hoca önce şaşalar ve karasız kalır. Sonra da var bir bildiği herhalde diye düşünerek boşta giden eşeğe oğlunu bindirir.

Oğlu eşeğin üzerinde, kendisi yürüyerek, sohbet muhabbet yollarına devam ederlerken bu kez de karşılarına köyün yaşlılarından birisi çıkar. Bakar, bakar durumu beğenmez, 'Ayıp ayıp bak yaşlı babası yürür kendisi eşeğe kurulmuş gider. Ne günlere kaldık' deyince hoca fesüphanallah diyerek oğlunu indirip bu sefer kendisi biner eşeğe.

Köye yaklaşırlarken o esnada yürüyüşe çıkmış bir grup kadınla denk gelirler. Bu kez de kadınlar beğenmemiştir durumu.'Hay Allah' der içlerinden birisi. 'Parmak kadar çocukcağız yürüyor, hoca efendi de eşeğe kurulmuş gidiyor'.

Ne yapacağını şaşıran hoca sıkıntıdan çaresizlikten bu kez de eşeği sırtlayıp yoluna devam eder. Ama yaşadıkları bu kısacık yolculukta insanların tamamını bir anda memnun edemeyeceğini de gayet iyi anlamıştır.

Nasrettin hocanın bu keyifli fıkrasında da şahit olduğumuz gibi herkesi bir arada memnun etmek maalesef mümkün değildir. Bu sebeple de şu veya bu şekilde, farklı insanlardan farklı zamanlarda eleştiri almamızın son derece normal olduğunu bilerek doğru bulduğumuz yolda emin adımlarla gitmemizde herhangi bir sakınca olmadığını düşünüyorum. Sonuç olarak herkes kendimizi beğendirebilmemiz kesinlikle mümkün olmayacaktır.

Her Zaman,
Her Koşulda Kendimize Saygılı Olalım!

Dikkatli davranır, eleştirileri iyi analiz eder ve kendimize saygılı olmayı bilirsek, hocanın şaşkınlıktan eşeği sırtladığı gibi biz de eleştirilerin yarattığı bunalımı hayat yolunda yürürken sırtlayıp taşımak durumunda kalmayız.

Hayatı herkese göre yaşayamadığımız gibi, herkesin gözlerinden ayrı ayrı görmemiz ve davranışlarımızı onların istediği şekilde değiştirmemiz mümkün değildir.

Eleştiriden kaçmak isteyenler için yapılabilecek en kolay şey sizce nedir?

1. İnsanlarla belli asgari müştereklerde buluşmak

2. İlgili konu her ne ise genel kanılara uyum sağlamak ve buna göre bir davranış tarzı sergilemek.

Ne yazık ki bu iki küçük kurala uyum sağlamak her zaman kolay olmayabilir

Öte yandan eleştiri, ne kadar can sıkıcı olsa da, kimi zaman;

İnsanın gelişmesine, olumlu yönde değişmesine, hayatın içerisinde doğru adımlarla yol almasına da yardımcı olur.

Her zaman en iyiyi bilip en doğruyu yapamayabiliriz. Eleştirilerin bize yol göstermesi için de eleştirinin nasıl, ne zaman, hangi şartlar altında ve ne amaç ile yapıldığı da oldukça önemlidir.

Eleştirilerde dikkat edilmesi gereken en önemli nokta;

- Eleştiren olduğumuzda faydalı,

- Eleştirilen rolünde olduğumuzda ise faydalanan olabilmeyi başarabilmektir.

Böylelikle huzurumuz bozulmadan, yara almadan daha rahat ilerleriz.

Eleştiri Yaparken Canavar Yerine Peri Olmayı Denediniz Mi?

- Eleştiri iyi niyetli yapıldığında kabul edilebilirdir. Dolayısıyla bir eleştiri yapmak istediğimizde öncelikle kendi üzerimizde iyi niyet araştırması yapmaya girişmeliyiz. Niyetimizden şüphemiz yoksa yolumuza devam edebiliriz. Eğer bundan emin değilsek susmak daha doğru olacaktır.

- Eleştiren kişi, konuyu eleştireceği insana sunmadan evvel durumun kendisi ile alakalı olup olmadığını iyice tartmalıdır.

İnsanlar çoğunlukla kendilerini ilgilendirmeyen konularda da beyanat vermeyi sevdiklerinden, ne kadar iyi niyetli olsalar da durumun kendilerini ilgilendirip, ilgilendirmediğine bakmalıdır. Durum sizi fazlaca ilgilendirmiyorsa bir kez daha düşünmenizi öneririm. Aksi halde karşınızdaki insanın sizi ciddiye almamak gibi bir riski olabilir.

- Eleştirinin sunuluş biçimi de oldukça önemlidir. İnsanlara konuyu olumlu cümleler kullanarak iletmek her zaman olumlu sonuç alınmasına yardımcı olacak bir etkendir.

- Bir eleştiriyi yapmadan evvel onu mutlaka Sokrates'in Üçlü süzgecinden geçirmek bize önemli bir fayda sağlayacaktır.

Antik Yunan uygarlığının değerli filozofu Sokrates yüzyıllar evvel bu konun üzerinde önemle durarak üç ana ögeye dikkat edilmesi gerektiğini vurgulamıştır.

1. Söylenecek şey gerçek midir?
2. Söylenen iyi bir şey midir?
3. İnsana faydalı ve yararlı mıdır?

Dikkat edilecek bu üç altın kural aslında her türlü konuşmaya uyarlanabilir. Biz de eleştirilerimizi mutlaka bu süzgeçten geçirdikten sonra yapmalıyız ki, gereksiz yere hem kendimizi hem de karşımızdaki insanı mutsuz etmeyelim.

Eleştirmek veya yapılan bir şeyleri beğenmemek son derece kolaydır. Ancak eleştiri yapılırken bunun yanında sunulabilecek bir önerinin olması daha da mantıklıdır.

Yapılan gereksiz eleştirilerin de diğer insanların canını yakacağını akılda tutmak daha dikkatli hareket etmemize yardımcı olacaktır.

Eleştirilerin olumsuz, alaycı bir dil kullanılarak yapılmasının faydadan çok zarar vermesi kaçınılmazdır. Bu nedenle takındığımız tavır yanında kullandığımız dilin de sade ve amaca yönelik olması gerekir.

Eleştirilmek Dünyanın Sonu Değildir!

- Eleştiri almanın içimizde hoş duygular uyandırmayacağı kesindir. Ancak eleştirileceğiz diye de her anımızı bu sıkıntı ile geçirmemizde gerekmez. Hayatta kendimize olan asli borcumuz iç huzurumuzu mümkün olduğu kadar koruyarak yaşamaya çalışmaktır. Bu nedenle eleştirileri takıntı haline getirmeden yaşamayı öğrenmek moralimizin çökmesine engel olur. Klasik Mantığın babası olarak kabul edilen Aristoteles bile eleştiri oklarından payını almıştır.

- Yaptığımız hareketlerde özgür olmak ve kendimizi özgür hissetmek yanında içerisinde yaşıyor olmamız gereği bazı toplumsal şartların da dikkate alınması gerekecektir.

- Her ne kadar şartlarımıza dikkat etsek de insanlar bizi eleştirebilecekleri bir nokta illaki bulabilir. Moralimizi bozmadan evvel söylenenleri kendi akıl süzgecimizden geçirmeyi denemeliyiz. İşimize yarayacak olanları kullanıp diğerlerini duymazlıktan gelip kalan ne varsa üzerinde bile durmamak akıllıca olacaktır.

- Alıngan olmak yerine algılamayı öğrenmemiz gerektiğinden eleştiri geldiğinde küsüp bozulmak yerine bunun kendimizi düzeltmek için bir fırsat olabileceğini düşünmeye alışmalıyız.

Ne tuhaftır ki bazen aklına hiç güvenmediğimiz birisi bile bize hayatımızdaki kocaman bir hatayı gösterebilir.

Söylenenleri dinleyip, anlam içerenleri kullanmalı, içermeyenleri ise huzurumuz adına unutmalıyız.

- Davranışımızdan kesinlikle emin olduğumuz ve eleştirilmeyi hiç hak etmediğimizi düşündüğümüz zamanlar olabilir.

Böyle zamanlarda da davranışlarımızın arkasında durmayı öğrenmeliyiz. Herkesi memnun etmek maalesef her zaman mümkün değildir.

- Her zaman en doğruyu yapacağımıza dair bir kural yoktur. İnsan olmak gereği hata yaptık, yapıyoruz ve yaşadığımız sürece de yapacağız.

Hatalarımızın farkına vardığımızda onları düzeltmek için uğraş vermemiz gerektiği de doğrudur. Ancak konu ile ilgili eleştirilerin bizi çökertmesine ve ruhumuzu zedelemesine asla izin vermemek bizim görevimizdir.

- Üzerinde durulması gereken önemli konulardan bir tanesi de aile içinde aldığımız eleştirilerdir. Ne kadar büyüsek de maalesef ailelerimiz için daima çocuk olarak kalmaya devam edeceğiz. Sevgilerinden emin olduğumuz insanların eleştirileri karşısında huzursuz olmak yerine akıl süzgecimizden geçirip gerekiyorsa önlem almaya çalışmak daha faydalı ve gerçekçi bir yaklaşım olacaktır.

Eleştiri hayatımızda hep olacaktır. Yapıcı veya yıkıcı olduklarına takılmadan, karşımızdaki insan bize söylemeye karar vermişse dinleyelim. İçinden işe yarayan varsa alıp, yaramayanları ise bir daha hatırlamamak üzere uzay boşluğuna gönderelim.

Daha iyiyi ve daha doğruyu bulabilmek adına da kendimizi eleştirirken benliğimizi incitmemeye özen gösterelim. Unutmayalım; bizler değerliyiz.

HUZUR KATSAYINI YÜKSELT, HAYAT KALİTEN YÜKSELSİN

Kocaman kıtaların bile başlangıç ve bitimleri olduğu halde aklımızın derinliklerinin sonu yoktur.

Nerede başlayıp nerede bittiği hiç mi hiç belli olmaz. Üstelik onu bir yerlerde unutmak, çıkarıp başkasına ödünç vermek veya paylaşmak gibi bir zorunluluğumuzda yoktur.

Canımız istediğinde, istediğimiz kadarını paylaşır istemediğinde de ben bilemedim deyip susma hakkımızı kullanırız. 'Yok canım sen bunu bilirdin!' diyecek birileri çıksa bile bu kez 'Ben unuttum.' deme hakkımızı kullanabiliriz.

Aklımızın içini hiç kimse okuyamayacağından onu yönetmek gibi bir şansları da yoktur.

Canımız isterse, istediği kadarını, istediğimiz kişiye kullandırırız. Kullandıkça azalmaz, daralıp çekme riski de yoktur.

Herkes aklını kullanmasını bilirde sınırlarının başı sonu belli olmayan aklımızın değerini biliyor ve ona gereken özeni gösteriyor muyuz?

Gelişip olumlu yönde değişmesi için onu motive ediyor muyuz?

Huzur katsayınızı yükseltin!

Huzur her daim kolay yakalanan bir olgu değildir. Canınız çektikçe dışarıdan da temin edilmez. O halde huzurumuzu arttırmak istiyorsak önce kendimize zaman ayırmaya ikna olmalıyız.

Bu iş saatlerimizi alacak bir eylem olmadığı gibi sadece gün içerisinden çalınan kısacık anlarla bile yapılabilir. Önemli olan sürenin ne kadar uzun olduğu değil ne kadar verimli kullanıldığıdır.

Kendimize vakit ayırdığımızı hissettiğimizde huzur katsayımız da yukarı doğru bir ivme çizer. Huzurumuz arttıkça da kendimizden daha çok memnun oluruz. Kendisinden memnun bir insanın gelişim süreci ise olumlu bir ivme ile yoluna devam eder. Şimdi dilerseniz gelin huzur katsayımızı nasıl yükseltebileceğimize beraberce bakalım.

Bu özel terapiyi ayda bir kez uygulamak yeterli olacaktır.

- Hazırlıklarımıza koku ve ses kirliliğinden arınmış, rahat bir ortam bularak başlayalım. Değişik kokular veya sesler kafamızı o yöne çekeceğinden ortamın mümkün olduğunca arınmış olmasına dikkat edelim ki aklımızın başka yerlere kayacak şansı olmasın.

- Bulunduğumuz yere sade ve pastel renkler hakim olsun ki ruhumuz huzurunu muhafaza edebilsin. Aslında aklımız ve ruhumuz farklı şeyler değildir. Her ruhun bir düşünme gücü vardır bunu da sahip olduğu akıl sayesinde yapar.

Bu terapi ise düşünme eylemini gerçekleştirdiğimiz aklımızı daha rahat çalışmaya yöneltip, verimini arttırabilmek için planlanmıştır.

- Kağıt ve kalemimizi hazırlayalım. Yanımıza içmek üzere hafif bir bitki çayı da alırsak, hem rahatlar hem de düşünce aralarında bununla oyalanabiliriz.

- Müziğin her türünün insanı alıp farklı bir yerlere taşıması söz konusu olduğundan bu işlemi yaparken müzik dinlememenizi öneririm.

- Şimdi sırasıyla yapmaktan hoşlandığımız gelişime yönelik aklımıza gelen tüm faaliyetleri yazalım.

- Bunların hangilerini yapıp, hangilerini yapamadığımızı kontrol edelim.

- Neden yapmadığımıza dair saptamalar yaparak, bizi nelerin engellediğini ve bu engelleri hayatımızdan nasıl çıkarabileceğimizi tespit edelim.

- Elbette herkesin gelişim alanında yaptığı çalışmalar değişken olabilir. Olmazsa olmazlardan biri ise her derde deva sevgili kitaplarımızdır. Kitap bilgi dağarcığımızı desteklediğinden onları iyi veya kötü şeklinde sınıflamaya tabi tutmak doğru olmaz. En zararlı olanlar bile bizlere en azından nelerden uzak durmamız gerektiğini gösterir.

- Tüm beslenme uzmanları, yemek ve içecek alışkanlıkları ile ilgili çeşitli listeler önerir. İşin inceliklerini tamamen bu konuda tahsil yapmış olanlara bırakmak gerekir. Ancak aklımızın sağlıklı çalışmasını istiyorsak, düzenli beslenmeye yönelerek, ağır yemeklerden ve içeceklerden kaçınmalıyız. Mümkün olduğu kadar taze gıdalar ve sağlıklı içecekler mesela bitki çayları tüketmek bedenimizi ve ruhumuzu dengeleyeceğinden aklımız da buna bağlı olarak işlevini daha rahat yerine getirecektir.

Her şeyin fazlası zararlı olacağından bitki çaylarının içiminin abartılması da dengemizi bozabilir. Bu nedenle çayları satın aldığımız yerlere günlük tüketim miktarını ve bu bitkilerin özelliklerini danışmak her zaman yararlı olacaktır.

Abur, cubur yiyecekleri de mümkün olduğunca alışkanlıklarımız dışında bırakmak beslenmemizi olumlu yönde etkiler. Bunu yapmak zor gelse bile birkaç günlük bir denemeden sonra hissedilecek olumlu fark devam edebilmeniz için sizi destekleyecektir.

- Aklımızın sınırlarını genişletmek istiyorsak bunu yeni şeyler öğrenerek yapabiliriz. Onu hangi yönde çalışmaya programlarsak itiraz etmeden kendisini o yönde geliştirmeye gayret edecektir.

Dışarıdan aldığı verileri yorumlama şekli de bizim hayata hangi açıdan baktığımıza bağlıdır. Yorumlarımızı huzurumuzu perçinlemeye yönelik yapmaya gayret etmek bize yardımcı olacaktır.

- Kimileri burun kıvırsa da kelime hazinemizi geliştirmek ve konuşmamıza renk katabilmek açısından bulmaca çözmek her zaman idealdir. İster istemez, aklımıza egzersiz yaptırarak gelişmesine yardımcı olacaktır.

- Uyku düzenimize dikkat etmek de bize yardımcı olacak en önemli unsurlardan birisidir. Çok az uyumak kafamızın gün içinde karışmasına, uykuyu fazla kaçırmak da zihnimizin zor açılmasına neden olacaktır. Dolayısıyla uyku saatlerimizi ayarlarken düzenli ve ihtiyacımız oranında olmasına dikkat etmemiz gerekecektir.

- Uykuya geçtiğimiz mekanın mümkün olduğu kadar tozdan, kokudan arınmış, ortalama sıcaklıkta olması daha kaliteli bir uyku süreci geçirmemize yardımcı olacaktır. Bu arada odamızda gereksiz dağınıklık veya fazla eşya da olmaması huzurlu uykumuzu destekleyecektir.

Bol miktarda eşyanın bulunduğu dağınık odalarda enerji rahat dolaşamayacağından huzursuz olmamıza ve uykumuzun bozulmasına neden olabilir.

Renklerin insan davranışları ve sinirleri üzerinde farklı etkileri olabileceği saptanmış bir gerçektir. Bu nedenle uykuya dalacağınız yerde doğru renklerin kullanılması da dikkat etmemiz gereken bir diğer ögedir.

Kimi renkler insanlara bazı özel durum veya olayları çağrıştırır. Hatırlatma yapan bu tür renkleri mekânda kullanmamak aklınızın bölünerek istenmedik anılara dönmesini önleyecektir.

Aklımızın rahat hareket etmesi ve kendisini gösterebilmesi için, bizim rahat olmaya, rahat olabilmek için de huzurlu olmaya ihtiyacımız vardır.

Kendimizle ilgili notlarımızı aldıktan ve sayılan birkaç basit kuralı uygulamaya dikkat ettikten sonra içinizin daha huzurlu olduğunu göreceksiniz.

Şimdi ise sıra terapinin bir sonraki kısmına geldi. Kendimizle ilgili olarak notlar aldığımızı hatırlayacaksınız. Bir sonraki ay ise oturup yeniden kendimizle ilgili ufak bir bilanço çıkartmamızda hiçbir sakınca yoktur.

Bu bilançoya göre kendi gelişim eğrimizi düzenlemek ve geliştirmek istediğimiz yönlerimizi törpüleyip işlemek fırsatımız olacaktır. Tabi sadece biz istersek...

HUZURUNUZ İÇİN SAKİN OLMAYI SEÇİN!

Huzurumuzu elimizde tutabilmek için sakin kalmak gibi bir seçeneğimiz olduğunu biliyoruz değil mi? Sinirlenmek insana özgü davranış tarzlarından birisidir. Diğer canlılar bu konuda bize pek benzemeseler de kimi zaman 'Arıyı sinir etti oda onu soktu' gibi söylemler kulağımıza çalınır. Ancak burada asıl olan hayvancağızın canına kastedildiği içgüdüsünden hareketle var olan tek silahını kullanıp can havliyle meşru müdafaaya girişmesidir.

Hayvanlar canlarına kastedilmedikçe sinirli hal ve tavırlar içerisine girmezler. Et yiyenlerden panter ve benzeri hayvanlar konumuz dışı olup beslenme içgüdüsü ile ortalıkta dolaştıklarından ve bu durumun da sinirle uzaktan yakından alakası olmadığından mümkünse yanlarında yakınlarında olmamak her zaman sağlığımız için daha faydalı olacaktır.

Bitkilere gelince onlar da karlı dağlardan serindir. Canlarına kastetseniz de en fazla boyunlarını bükerler hepsi o. Sinirlenmek gibi bir lükse sahip olmak yegane biz insanlara ait bir özelliktir.

Hele bir kısmımız vardır ki sinirlenme eylemini en doğal hakları arasında görür.

'Napiiim ama ben sinirli bir insanım' veya 'Ama o da benim damarıma basmasaydı' gibi cümleler de genellikle en önemli savunma mekanizmalarındandır.

Kısaca biz insanları sinirlendirmek için canlarımıza kastedilmesine gerek yoktur.

Kimsenin ruh durumuna karışmak haddimiz olmamakla beraber sinir hali sık tekrarlandığında başa gelebilecekleri bir kez daha hatırlatmanın faydalı olacağına inanıyorum.

Sinirlenmek insanın hem vücudu ve hem de ruhunda zarar verici etkiler oluşturması nedeni ile sağlığı tehdit eden, mutsuzluk dolu bir eylemdir.

Bu eylem öncelikle aklımızda başlayarak şekillenir. Ruhumuzu esir eder ve kademeli olarak da vücudumuza zarar vermeye devam eder.

Oysa ufak tefek bazı noktalara dikkat ettiğimiz taktirde sinirden uzak kalarak hayatımızı daha normal bir rutinde sürdürebilmek şansımız vardır.

Kasıt Olduğu Düşüncesine Kendimizi Kaptırmayalım

- Sinirlenmek genel olarak insanlarda, ortada kasıtlı bir eylem olduğu düşüncesi hakim olduğunda baş gösteren bir durumdur. Bilerek veya bilmeyerek etrafımızdaki insanlar böyle bir durum yarattıklarında, elimizden geldiği kadar 'Aldırmamak' gibi bir seçenek de olduğunu asla unutmayalım.

Hayat bir seçenekler silsilesinden ibarettir. Canımız hangisini isterse onu seçeriz. Bir şartla! Seçtiğimiz her ne ise onu ve onun getirdiklerini yaşayacağımızı asla unutmamalıyız.

Huzurumuzu muhafaza edebilmek için insanların kasıtlı davrandıklarını düşünmemeye çalışıp bu doğrultuda kendimizi motive etmek sakin kalmamıza ve sağlığımızın bozulmamasına yardımcı olacaktır.

Ruh Haliniz Sinire Yelken Açıyorsa, Eski Deneyimler Süzgecini Devreden Çıkartın

Sinirlenmemizin diğer nedenlerinden birisi de önceki tecrübelerimize dayanarak yaptığımız yargılamalarla kafamızı karıştığından ortaya çıkar. Yaşadığımız olaylardan ders alıp tecrübelerimizi de bir kenara koyduğumuzdan benzer bir durumla karşılaştığımızda aklımız evvelki deneyimleri çağıracaktır.

Oysa yaşananlara dayanarak insanları yargılama eylemini bir kenara atıp her vakayı kendi dinamikleri içerisinde değerlendirmeye gayret etmek daha huzurlu ve mantıklı olmamıza yardımcı olacaktır.

Sinirlenmek Bir Hak ve Özgürlük Değildir!

- Sinirlenmeyi kendimize ait bir hak ve özgürlük olarak görmek yerine aslında bizim huzurumuzu tehdit eden bir unsur olduğunu aklımızda tutmaya çalışalım. Bunu yapmaya başladığımızda daha huzurlu bir yaşama doğru sağlam bir adım atmış oluruz.

- Herkes gelip tepemize bassın, tepkisiz kalalım sakın ha sakın itiraz etmeyelim demiyorum. Ancak hayatımızda cereyan eden olaylara sakin kalarak müdahale edebilmek gibi bir şansımızın da bulunduğunu unutmayalım.

Sinirlenmek, etrafımızdaki insanlara ama en fazla bize zarar verir. Kendimize verdiğimiz fiziksel ve ruhsal zararlar yanında bir de sevdiklerimizin ve arkadaşlarımızın bizimle iletişimlerini en aza indirmelerine sebep olabilir.

Huzurlu olmak ve sosyal iletişimlerimizde problem yaşamamak adına olanlar karşısında sakin kalmak gibi bir seçeneğimiz olduğunu aklımızda tuttuğumuzda hayatın daha keyifli ve daha az yıpratıcı olduğunu göreceğiz.

EYVAH BEN UTANGAÇ BİRİSİYİM!

Hiçbirimiz bu dünyaya utangaç bir kişilikle merhaba demeyiz. Utangaçlık vücuttaki falanca hormon miktarı veya filanca kromozom sayısının eksikliğiyle de alakalı bir durum değildir.

Kökeni çocukluk veya ilk gençlik yıllarında yaşanan olaylar olup, genelde insanlar bu konuda üç ayrı tip davranış tarzı sergilerler.

1. Utangaç olduklarını, yüzlerine baktığınız ilk anda kolayca anlayıverirsiniz.

2. Bir de anlayamadıklarınız vardır ki bu kişiler masanın altına girip saklanmak duygusuyla boğuştukları halde bunu yansıtmaz, son derecede soğukkanlı görünürler. Burunları o kadar havadadır ki gökteki bulutlara neredeyse teğet bile geçebilir. Utangaç olduklarını anlayabilmek için onları ya çok iyi tanımak veya gönül rızasıyla itiraf etmelerini beklemek gerekir.

3. Bu gruba da nerede, ne zaman, ne yapacakları pek belli olmayanları alalım. Mesela sessiz sakin otururken birden ortaya çıkıp profesyonellere taş çıkartırcasına dans edip sonrada çok önemli bir toplantıya katılıyormuş gibi ciddi bir ifadeyle hiçbir şey olmamış gibi yerlerine otururlar.

Durumu hafife alarak aktarmaya çalıştıksa da 'Utangaçlık' düzeltilebilmesi gereken ruhsal bir engeldir.

Bunun için profesyonel desteğe başvurmak çözüm olabilmekle beraber, olay ileri safhada değilse durumla savaşmak ve kendimize yardımcı olabilmek şansımız vardır.

Dilerseniz gelin bu konuda neler yapabileceğimize şöyle bir göz atalım:

- İlk adım hayatımızı dilediğimiz gibi yaşamamıza engel koyan bu durumu aşmaya karar vermek.

Kendimizi her zaman her koşulda en iyi biz tanır ve varsa defolarımızı da doğal olarak en iyi biz biliriz. Utangaç olduğumuza karar vermiş ve savaşa girmek için hazır bekliyorsak bu düşmanla başa çıkmak kesinlikle daha kolay olacaktır.

- Hayat koşullarımız, çevreden aldığımız negatif etkileşimler zihnimizi her dakika bir dolu veri ile bombardımana tuttuğundan zihnimizi boşaltıp gereksiz şeylerden arındırmak için ona bir süre vermek ikinci adımımız olmalıdır.

Karar aldığımız gün zihnimizi biraz olsun tazelemek adına mümkünse fazla konuşmamaya, kendimizi gereksiz konularla o gün için fazla meşgul etmemeye özen gösterelim.

Gün içinde herhangi bir zamanda toplam otuz dakikalık bir süreyi, hiçbir şey konuşmadan, yalnız kalabileceğimiz huzurlu bir ortamda geçirelim.

Mekan seçimi tamamen size ait olup, etrafınızda bulunan renklerin de pastel tonlardan oluşması zihninizin daha çabuk rahatlamasına olanak verecektir.

Yalnız kaldığınızda aklınıza muhtemelen konu ile ilgisi olan veya olmayan bir dolu fikir akın edecektir. Bırakın diledikleri gibi gelsinler, geldikleri gibi de gitsinler.

Zihninizin biraz olsun boşaldığını ve rahatladığınızı hissediyorsanız bu otuz dakikalık süre sonunda diğer aşamaya geçebilirsiniz.

- Dilediğiniz ve hazır olduğunuzu hissettiğiniz anda kendinize şu soruları sorun

- Ne zaman kendimi utangaç hissediyorum?

- Kim veya kimler karşısında bu hissi duymaktayım?

- İnsanların hangi davranışları ile bende bu duygu ortaya çıkmaktadır?

- Utangaçlığımın ortaya çıkması belli bir konuya mı bağlıdır? (Örnek: Ne zaman aşık olsam o kişiye karşı kendimi utangaç hissederim)

Kendinize bunun dışında aklınıza gelen başka sorular varsa onları da sorun. Bu sorulara verdiğiniz tüm cevapları mutlaka kaydedin. Bu bir kağıt kalem ile alınan bir kayıt da olabilir veya var ise kayıt cihazı kullanabilirsiniz.

- Son aşamada ise geçmiş anılarınıza şöyle bir göz atın. O dönemlerde hangi davranış veya koşullarda utanma hissiniz ön plana çıkıyordu? Bu sorunun alabildiğiniz net bir cevabı varsa kaydederek işinize devam edin.

Verilen cevaplarda daima kendimize açık davranma şartımız yanında, kayıt işleminin de özellikle ihmal edilmemesi gerekecektir. Hiç tahmin etmediğiniz anlarda yapılan etkileşimler veya kullanılmış olan ufacık cümleler siz farkında olamayıp bağlantı kuramasanız da, tüm hayatınızı esir alacak bir olumsuzluğa neden olabilir.

Başkalarının olumsuz davranışları veya söylenen olumsuz sözlerin negatif etkisi kimi zaman bir ömür boyu sürer. Genellikle sözler ve olmuş olan olay kişi tarafından beynin bir köşesine itilir. Unutulmaya çalışıldığından konu irdelenmedikçe basit de olsa bu kez ortaya çıkmama riski doğacaktır.

Kayıt işlemi gün boyu zihninizden cevaplar geldikçe, hatta yetmezse bir ertesi gün de sürdürülebilir.

Düşündükçe zihnin çekmeceleri birbiri ardına açılacak ve belki de karşımıza hiç beklemediğimiz sürprizler çıkacaktır.

Zihin biz farkında bile olmadan daima bizimle iletişim halinde olan bir mekanizma olarak hem bizimdir hem de bizden ayrıdır.

Verdiğimiz komutları ise terbiyeli bir çocuk gibi anında alıp uygulamaya çalışır. Dolayısıyla biz ona konu ile ilgili anılarımızın ortaya çıkartılması talimatını vermişsek, ne yapıp edecek ve bize bu bilgiyi temin için aklımıza gelmedik ne kadar bölüm varsa hepsini kullanımımıza açacaktır.

Olayları kimi zaman açıkça hatırlatacak, kimi zaman ise sinyal gönderip yorum verilmesini bekleyecektir.

Bunun için kayıt alırken azami dikkati göstermeliyiz. Onunla yaptığımız işbirliğinin sağlıklı sonuçlanması için önemsiz görünse de aklımıza gelenleri not almayı ihmal etmemek bu nedenle faydalı olacaktır.

Soru, cevap ve not alma işlemini bitirdiğimize inandığımızda kendimizi iki kez tebrik etmemiz gerekir.

Öncelikle kendimize karşı açık olabildiğimiz ve bununla beraber engelimizle savaşta bir sonraki aşamaya geçmeye hak kazandığımız için.

Şimdi aldığımız bu notları özenle bir araya koyalım ve sonraki gün sabah saatlerine dek unutalım.

Sabah zihin son derece açık olduğundan olaylar arasında kurmamız gereken bağlantılar varsa bu saatlerde yapmamız daha kolay ve zahmetsiz olacaktır.

Bu nedenle ertesi sabah uyandığımızda yapacağımız ilk iş notlarımızı gözden geçirmek üzere bir on beş dakika feda etmek olacaktır.

İlk anda bize pek anlamlı gelmeyen ama aklımızdan geçmiş olduğu için yazdığımızı düşündüğümüz kısımlar varsa, bunların daha bir dikkatli incelenmesi gerekecektir.

Eğer bu cümleler okuduğumuzda bize bir şeyler çağrıştırmaya başladıysa, aklımıza yeni gelenleri de not edip ertesi gün tekrar görüşmek üzere yine bulundukları yere kaldıralım.

Bir sonraki gün, ne zaman müsait olursak notlarımızı önümüze çekip bu kez olayları gruplandırmak üzere birbiri ile alakalı görünenleri bir araya getirelim.

Gruplandırmamızı yaptıktan sonra işimiz oldukça hafifleyecektir. Belki de konu gelip tek bir noktada düğümlenecek veya karşımıza birkaç farklı sebep çıkacaktır.

Zihnimizin çekmecelerindeki olayların;

- Ortaya çıkartılması,
- Tekrar gözden geçirilmesi,
- Gruplara ayrılarak anlam tespitine gidilmesi ve

- Aralarında bağ kurulması işlemlerini, özellikle aradaki boşluklarda zihnimizin bağlantı kurmasına vakit tanımak için hep farklı günlerde yaptık. Şimdi sıra sonuçlar üzerinde çalışmaya geldi.

Sonuçlar Üzerinde Çalışma:

Gelelim engelimize sebep teşkil eden, gruplanmış bu bulgularımızı nasıl işimize yarayabilecek maddeler haline getireceğimize.

- Bulduklarımızı yüksek sesle okuyalım. Acaba grupladığımız durumlar bize mantıklı gelmekte midir?

Kimi zaman bize dünyayı zindan eden bu basit şeyler hiçbir zaman dile getirilmedikleri için utanç olarak geri dönüş yaparlar. Oysa herhangi bir mantıklı neden yoktur. Yüksek sesle yapılan okumada durumun saçmalığının farkına varma olasılığımız yüksektir.

- Diğer yandan özellikle anlamsız görünen bir türlü bağ kuramadığımız cümleler sesli okudukça bize aniden bir olayı hatırlatarak gerekli bağlantıyı kurmamıza yardımcı olabilir.

Her şarta uymasa da kimi durumların birleştirilmesinde fayda sağlayacak ufak bir örneği aşağıda geçiyorum.

Örneğin zihnimizi irdeledikten sonra çıkan cümleler şunlar olsun:

- Denize girmeye utanıyorum.

- Ayakkabı alırken satıcılardan rahatsızlık duyuyorum.

- Bir yere gittiğimde ayakkabı çıkarttırmalarını hiç hoş karşılamıyorum.

- Suna teyze onlara gittiğimde benim için 'Aman Tanrım bu çocuğun ayakları ne kadar büyük ' demişti.

Sonuç: Ayaklarım büyük. Denizde de, ayakkabıcıda da, alakasız bir yere gittiğimde de karşıma hep bu engel çıkarak kendimi rahatsız hissetmeme neden oluyor. İşte size insanın hayatını saçma sapan bir şekilde sınırlayan ve aslında hafife alınabilecek bir utanç kaynağı.

Sebep belki de bize o gereksiz cümleyi söyleyen çocukluğumuzdaki herhangi bir teyze.

Kadını yıllardan bu yana görmemiş olabiliriz. Sesini duymamış, aklımıza bile getirmemiş olabiliriz. Lakin aklımız onun söylediği bu saçma cümleyi itinayla kaydetmiş ve sonraki yaşamımızda birçok farklı alanda bizi etkileyip, bize dünyayı dar etmiş.

Olur mu, olur!

Ayaklarım Büyükse Öleyim Mi?

Gelelim, durumun içinden nasıl çıkabileceğimize. Ayaklarınız büyükse bunu bilir ve görürsünüz. Kaçınılmaz olarak etrafınızdaki insanlar da bu durumu göreceklerdir.

Kimin tarafından konulmuş olduğu pek de belli olmayan bu standartlar ve bunlara uymayan vücut bölümleri ise insana rahatsızlık verir bu kesin.

Şimdi size 'Canım ayaklarınız büyükse büyük! Ne var yani dünyanın sonumu bu?' deyip de beylik söylevlere girişip sinirlerinizi bozmayacağım.(Gerçi üzerinize gelmemek için söylemesem de benim fikrim tam olarak budur.)

Bir dönemin ünlü mankeni Cindy Crawford bile, birçok kadının sadece ona benzemek uğruna yapay da olsa takıp kullanmaya razı oldukları kendi sahici beninden bir dönem nefret etmiş hatta aldırmayı bile düşünmüş.

Durumun vehametine bakar mısınız? Cindy'nin piyasaya çıktığı dönemde bu herkesin tu kaka dediği bu 'Ben' kadınlar arasında neredeyse bir standart haline getirilmişti. Dolayısıyla ortaya ister istemez 'Beni olanlar güzeldir' durumu çıkmaktadır.

Şimdi Cindy ortalıktan çekildi kimse tutup yüzüne gözüne ben takmıyor, dolayısıyla benler eskiden olduğu gibi birer güzellik standardı olarak değerlendirilmiyor.

Ayaklarım çok büyük, burnum çok uzun gibi takıntıların utangaçlık yaratması anormal bir durumdur demiyorum. Ancak bu takıntının üstesinden gelinememesi, hayatın her alanını etkilemesi mantıklı değildir.

Kim bilir belki de Cindy Crawford yüzündeki beniyle ünlü olup kıymetini bilmeden evvel kimseler görmesin diye bir eli yanağında geziyordu.

Kimin koyduğu belli olmayan bu standartlara(!) uymadığınız düşüncesi taşıyor musunuz?

O halde hayata bakış açınızı, baktığınız pencereyi, kısaca hayatı algılayış biçiminizi ya da adına her ne diyorsanız yeniden gözden geçirmeniz gerekecektir. İşte o zaman kendinize yeni bir şans verdiğinizi göreceksiniz.

Bir kitabın içinden dışarı bakıp herkesin derdine bir anda çare olmak mümkün olamıyor. Dolayısıyla ben de oyumu çoğumuzun başına dert olan 'Standartlar'dan yana kullandım. Umarım faydalı olmuştur. Çünkü kendimizi ileri götürmek adına hayat yolunda ilerlemek için önümüze koyduğumuz her tuğla önemlidir.

Yaşam utangaçlık duyguları içerisine hapsedilmeyecek kadar değerli ve bu konuya odaklanarak zaman kaybetmeyecek denli kısadır.

UTANGAÇLIKTAN KURTULMA TERAPİSİ

Utangaçlık hissine bir şekilde engel olmak istiyor ve olamıyorsak bu kez de diğer bir yolu önereceğim. Takip eden satırlarda sizin için hazırlanmış bir terapi bulacaksınız. Herkese şimdiden kolay gelsin.

Biliyorsunuz her insan bazı konularda ancak kimisi de hemen her konuda utangaçtır. Hele bazılarında bu durum ciddi boyutlarda olup ancak dışarıdan destek almak suretiyle çözülebilir.

Öte yandan insanlar kendilerine yardımcı olmaya karar verdiklerinde bazı engellerin daha kolay aşılabileceği de bir gerçektir.

Karar vermek ilk aşamaysa da her şey bir anda başarılamaz. Başarıya varmak için gidilecek yolu saptamak, engelleri aşmak, emek harcamak gerekir. Bugün çok utangaç birisi iken ertesi sabah aniden uyanıp 'Artık kimseden utanmıyorum, herkes benden utansın' demek şansımız pek yoktur.

Kendimizle ilgili böyle bir şikayetimiz var ise bundan kurtulabilmek için öncelikle kendimizle iletişim kurmayı başarmamız gerekir.

Ruhumuzla Bağlantı Kuralım

Ruhumuzla bağlantımız sağlıklı olduğunda aklımıza takılan soruların en doğru cevabını yine kendimizden almak şansımız olacaktır. Günlük hayatın karmaşası içinde kendimizi dinlemek kimi zaman aklımıza bile gelmez. Böylelikle en basit ihtiyacımızdan bile habersiz yaşar gideriz. Oysa sağlıklı bulmadığımız alışkanlıklarımızı değiştirmek için kendimizden haberdar olmamız gerekir. Bu sayede sebeplerimize ulaşabilir daha huzurlu yaşamak şansını elde ederiz. Ruhumuzla bağlantı kurup iletişim devam ettirmek ise kendimizi dinlemek ve ruhumuzun söylediklerine kulak vermek şartı ile olur.

İletişim Tamsa Yola Devam

- Hangi durumlarda utangaç olduğumuza dair bir tespit yapmak başlangıç noktamız olacaktır. Her anlamda mı utangacız? Yoksa sadece belli bazı konularda mı? Bunu başından belirlemek çalışmalarımız esnasında zaman kaybetmemize engel olacaktır.
- Bir sonraki aşamada ise bu duygumuzun ortam, zaman ve insanlar açısından incelemesini yapmamız gerekecektir.

Bu iki önemli konu belirlendikten sonra kademeli olarak üzerine giderek problemimize çözüm bulmak için kendimize yardım etmemiz gerekecektir. Kendimizle ilgili problemlerde çözüme yönelik kararlar almak, moralimizi güçlendirerek olumsuzluğun üzerine daha büyük bir azimle gitmemizi sağlayacaktır.

Kimin Yanında Kendimi Rahat Hissediyorum?

Her konuda utangaç olmamız pek olası olmamakla beraber, böyle olduğunu düşünüyorsak bile yanında kendimizi nispeten rahat hissettiğimiz birileri illaki vardır.

Bu kişi bazen annemiz, bazen babamız, ailemizden birisi veya bir arkadaşımız olabilir.

Kimin yanında rahatlama duygusunu yakalıyorsak o kişi ile beraberken hareketlerimizi incelemeye alarak işe başlayabiliriz.

İlgili insanla beraber olduğumuz zamanlarda nasıl rahat konuşup, nasıl rahat davranıyoruz? Bu anların fotoğraflarını çekip aklımıza kaydedelim gerekirse kağıda not alalım ve daha sonra gözden geçirelim.

Rahat olduğumuz insanın yanında yaptığımız hareketlere, konuşma tarzımıza kısaca o andaki bize bakalım ve kendimizin farkında olalım.

Bundan sonraki aşama günlük hayatımızda ufak tefek uygulamalar yapıp kazanacağımız minik zaferlerle kendimizi desteklemek şeklinde bir çalışma olacaktır.

Rahatlık Uygulaması

Kimi zaman kendimizi yanında pek rahat hissetmediğimiz bir insanla konuşmak durumunda bulabiliriz. Böyle zamanlarda:

- Konuşmamıza o insana bakmayıp farklı bir yöne bakarak başlayalım.

- Farklı bir yöne bakıp konuşmamıza devam ederken, yanında rahat konuşup, hareket ettiğimiz insanla ilgili aklımıza kaydettiğimiz anılarımızı geri çağıralım. Karşımızdaki insanın yanında rahat ettiğimiz o kişi olduğunu varsayalım.

Rahat olun kimse beynimizi göremeyeceğinden düşündüklerimizi sadece biz bileceğiz. Neyi nasıl hayal ettiğimizse sadece bize ait olacaktır.

- Bu uygulamanın yapıldığı ilk zamanlarda söyleyeceklerimizi mümkün olduğu kadar kısa tutma gayreti içerisinde olalım.

- Konuşmamızı tamamladıktan sonra cesaretimizi toplayarak, karşımızdaki insana bakalım. Sıcak bir şekilde gülümseyelim ve yanından ayrılalım. Gülümsemek için çaba sarf etmek gerekmez. Yüz kaslarımızı bildik şekilde oynatmamız yeterli olacaktır.

Dikkat etmemiz gereken önemli noktalar az konuşmak ve konuşma tamamlandıktan sonra bulunulan mekandan ayrılmak olacaktır. Elbette bunu yaparken gülümsemeyi unutmadan.

- Mutlak başarı isteniyorsa (ki başarısız olmak dünyanın sonu değildir) önceden plan yapmak ve anı kafanızda oluşturmak daha faydalı olacaktır.

Yaptığımızdan hoşnut kalabilir veya hoşnutsuzluk duyabiliriz. Ancak ne olursa olsun kendimizi tebrik etmek en doğal hakkımızdır. İlk uygulamada başarısız olsak dahi cesaretle ve azimle bu işin üzerine gitmemiz azımsanacak bir atak değildir.

- Bundan sonraki aşama, konuştuğumuz insanları sayısını arttırmak onlarla konuşma sürelerimizi de uzatmak olacaktır.

Genelleme Yapmaya Alışalım

- Konuşma süremizi arttırmayı başardıktan sonraki adım ise genelleme yapmaya başlamak olacaktır. 'Saat sormak' kısa konuşmalar için biçilmiş bir kaftandır.

Uygulamaya yönelik minik bir örnek vermek bu aşamada daha destekleyici olacak diye düşünüyorum.

Saat Soralım

- Alışveriş merkezlerinden birisine gidelim. Kolunda saat olduğunu gördüğümüz birisine saati soralım. Cevabımızı aldıktan sonra teşekkür ederek uzaklaşırken karşımızdaki insanın yüzüne bakarak gülümsemeyi ihmal etmeyelim.

- Bu sahneyi başarı ile tamamladıktan sonra daha uzun bir alıştırmaya geçebiliriz.

Dikkat etmemiz gereken insanlarla olan iletişimimizin süresini zaman içinde acele etmeden arttırarak güvenli bir biçimde davranışlarımızı oturtmaya çalışmaktır.

İkinci alıştırmada mesela bir adres tarifi isteyebiliriz.

Adres Tarifi Bazen Hayat Kurtarır

- Yolda veya herhangi bir alış veriş merkezinde, tanımadığımız birisine, bir mağazanın nerede olduğunu soralım. Sorduğumuz kişi adresi bilmese de önemli olan insanlarla daha rahat ve uzun süreli iletişim kurabilmek adına bizim bu adımı atmaya gönüllü olmamızdır.

- Unutmayalım biz utangaçlığımızı yenmeye çalışıyoruz, insanlarda bize yardım etmek için orada. Yardım Meleğini ise kendimiz seçiyoruz.

Tanımadığınız insanlarla çok sınırlı konularda ve sınırlı zamanlarda konuşmak durumu söz konusu olabilir. Kimi zaman konuşmayı uzatmaya kalkmak hatalı anlaşılma riski doğurabilir.

İçinizdekileri Paylaşın!

- Diyaloglarımızı arttırmak ve sürelerini uzatmak istediğimizde, ilk etapta aile içerisinden yardım almak işi bizim için kolaylaştıracaktır.

- Aile her şeyde olduğu gibi bu başlangıç için de en ideal ortamdır. Ancak her ortamda olduğu gibi bu ortamda da derdinizi anlatabileceğiniz ve anlatamayacağınız insanlar olacaktır.

Bunun için güvendiğiniz bir veya birden fazla insanı bir araya toplayarak onlara brifing verir gibi, bu durumu paylaşın.

- Ne kadar utangaç olduğunuzu ve bunu aşmak için neler yaptığınız gibi konuları onlara anlatmayı deneyin.

Bu bir nevi itiraf olup, sizde içinizdekileri dışarıya aktarmış olacağınızdan belli bir rahatlama duymanız kaçınılmaz olacaktır.

Bu tür brifingleri konuşmaya alıştığınızı hissedip, kendinizi daha rahat algılamaya başladığınız zamana kadar yapmanızı öneririm.

- Bu tür uygulamalar için haftada bir yapılan tekrar ideal olacaktır.

- Elbette her konuşmada nasıl utangaç olduğunuzu veya bu duyguyu yenmek için neler yaptığınızı anlatmak size sıkıcı gelebilir. Ancak her konuşmada kısa bir özet de olsa bu sorundan mutlaka bahsedin. Gelişme kaydettiğiniz durumları anlatın. Kendinizi biraz daha rahat hissettiğinizde de sevdiğiniz herhangi bir konuya geçerek bu konudaki fikirlerinizi onlarla paylaşın.

- Paylaşmak güzeldir, hele de sevdiğiniz insanlarla. Bu kısa uygulamalarla zaman içerisinde kendinizi utangaçlık engeline karşı daha güçlü hissedecek ve süreçte de durumdan kurtulmayı başaracaksınız.

Her şeyde olduğu gibi bunda da istemek ve emek harcamak en önemli motivasyon kaynağımız olacaktır.

SU İLE HUZUR TERAPİSİ

Su hayattır. Hayatımızın başlangıcı ise sudur. Tıpkı nefes alırken içimize çektiğimiz oksijen gibi su da yaşamamız için gerekli olmazsa olmazlar arasında yer alır.

Kana kana içmek, banyo yapmak, yüzmek, çevremizi ve evimizi temizlemek için kullandığımız suyu aynı zamanda ruhumuzu arındırmak ve auramızı negatif etkilerden temizlemek böylelikle de huzura daha hızlı adımlarla ilerlemek amacı ile de kullanabiliriz.

Aura basit tarifi ile her insanın vücudunun dış çeperinin üzerinde yer alan ışıktan oluşmuş bir haredir.

Herkeste bulunmakla beraber hemen hepimizin aurası farklı renklerdedir. Dış çeperimiz duygularımızın değişimi ile de renk değiştirir.

Çıplak gözle herkes tarafından görülebilmesi mümkün olmakla beraber öncesinde belli bir egzersiz çalışması gerektirir. Aurayı çalışma yapmaya gerek olmaksızın görebilen insanlar da vardır. Aurayı kısaca tanımladıktan sonra detay kısmına fazlaca dalıp fazlaca dağıtmadan işin bizim için önemli asıl kısmına geçelim.

Bilinçlenmeye başladığımız andan itibaren etrafımızdaki olumlu ve olumsuz durumları algılamaya başlarız. Olumlu olanlar bizi mutlu eder huzurumuzu perçinlerken, olumsuz olanları ise bizi rahatsız edip huzurumuzu olumsuz etkilerler.

İşte bu mutsuzluk ve huzursuzluklar zamanla dış çeperimizde de negatif birikimlere yol açar ve deyim yerindeyse auramızı kirletip küçültürler.

Mutlu ve olumlu bir insanın aurası pırıl pırıl parlayarak hare büyürken, mutsuz olan kişinin aurası ise renk olarak bozulmaya ve hacim olarak da küçülmeye başlayacaktır.

Elbette mutsuzluk ve huzursuzluktan korunmak adına daha olumlu olmaya yönelmeliyiz. Olumlu olmak için çaba sarf etmek yanında auramızı da temizleyerek güçlendirmeliyiz ki mutsuzluk verebilecek durumlara karşı daha hazırlıklı olabilelim.

Bunun için de önerim içimizi ferah tutacak ruhsal ve zihinsel egzersizlerin yanında olumlu havamızı auramızı da temizleyerek desteklemektir.

Her gün düzenli yapılacak bu banyo zaman ilk günden itibaren daha dirençli olmamıza yardımcı olacaktır.

Şimdi dilerseniz uygulamaya geçerek suyun dış çeperimizi temizlemekte nasıl kullanılacağına bakalım.

Su Hayattır

Mutlaka fark etmişsinizdir, denizde, havuzda veya küvette, uzun süre kaldığınızda, dışarı çıktığınız zaman kendinizi daha rahat, daha olumlu ve yenilenmiş hissedersiniz. Suyun insanı rahatlatıcı ve sinirleri gevşetici bir etkisi olduğu doğrudur.

Peki, bu etki nereden ileri gelmektedir?

Biliyorsunuz hepimiz bu dünyaya merhaba demeden evvel annemizin karnında, su dolu güvenli keseciğimizin içindeydik. Dışımızda gelişen olaylardan fazlaca haberimiz olmadan kendimize ait bu küçük denizde salınarak yüzüyorduk.

Oysa doğumla beraber bu dingin sığınağımızdan dışarı çıkmak durumunda bırakıldık. Bu her ne kadar hayatın gereği olsa da sonuçta dış dünyada kendi başımıza o güvenli denizimizden uzakta yaşamaya mahkum edilmiş olduk.

Bilincimiz de açık olduğundan gerek kendimizden ve gerekse dışarıdan kaynaklanan bir dolu olumsuzluktan etkilenmek durumunda kaldık, kalıyoruz. Bu da ister istemez gücümüzün azalmasına ve ruhumuzun yıpranmasına neden olmaya devam etmektedir.

Hele de dış etkenlere karşı bir kalkan geliştirmeyi düşünmemiş ve denememişsek olumsuzlukların üzerimizdeki daha güçlü olacaktır. İşte bu nedenle suyu huzurumuzu yenilemek adına kullanmak akıllıca bir çözümdür.

Aura Banyosu

Yapılması son derece basit ve zahmetsiz bir iş olup sıralamaya dikkat etmek yeterli olacaktır.

- Yaptığımız günlük banyodan sonra 'Aura Banyosu' için gereken sadece beş dakikalık bir süredir. Eğer günlük banyo süremiz on dakika ise, gerekli temizlik işlemlerimizi yaptıktan sonra aura banyomuzu için hazırız demektir.

- Sadece beş dakika ayırmanız yeterli olmakla beraber alışıp yararını gördükçe süreyi uzatmaya ihtiyacınız olduğunu düşünüyorsanız içinizden nasıl geliyorsa öyle davranın. Beş dakikadan az olmamak koşulu ile dilediğiniz kadar uzatabilirsiniz.

- Duşun altına girerek üzerinizden akanın su olduğunun ayırımına varın.

- Başkaca hiçbir şey düşünmeden suyun üzerinizden akıp gitmesine izin verin. Bu arada zihninizdeki düşünceleri de serbest bırakmayı unutmayın. Sadece yaptığınız işi düşünün. Aklınızı ziyaret eden düşünceler; bırakın gelsinler ve geldikleri gibi gitsinler.

- Biraz olsun rahatlama hissettiğinizde, bu kez aura olarak adlandırdığımız dış çeperinize odaklanmaya hazırsınız demektir. Evvelce bunu yapmadıysanız vücudunuzu çevreleyen beyaz ve parlak bir ışık olduğunu hayal ederek işe başlayın. İşte tüm vücudunuzu çevreleyen bu ışık haresi sizin auranızdır.

- Düşünce gücünüzü kullanarak üzerinize akanın su değil bir ışık seli olduğunu hayal edin. Yukarıdan üzerinize akan bu ışık selinin auranıza değerek onu temizlediğini ve ilk doğduğunuz gün olduğu gibi pırıl pırıl yaptığını hayal edin.

- Auranızın pırıltısı arttıkça içinizin rahatladığını, beyninizin olumsuz düşüncelerden uzaklaştığını ayrımsayın.

- Pırıltı artarken aynı zamanda auranızın da, büyüdüğünü hacim olarak genişlediğini hayal ederek düşünmeye devam edin.

Aura banyonuz tamamlandıktan sonra kendinizi daha güçlü, daha moralli ve daha dingin hissedeceksiniz.

NEŞELENME TERAPİSİ

Her zaman neşeli olmak ve hayatımızı keyif içerisinde sürdürebilmek mümkün olmayabilir.

Sosyal hayat içerisindeki etkileşim nedeni ile kimi zaman mutsuzluklarımızın bir bölümü dışarıdan alınan olumsuz etkiler nedeni ile yaşanmaktadır.

Ancak kimi zaman kimseyi beklemeden ve dahi herhangi bir neden olmasa da bizzat kendimiz ruhumuzu karamsar bir duruma sokabiliriz.

Bu hepimizin başına gelebilecek bir durum olmakla beraber önemli olan kurtulmak ve neşemize kavuşmak için kendini motive edecek güce sahip olmaktır.

Hayatımızı mutlu mu, mutsuz mu yaşadığımız bize ait bir konudur. Yaşadığımız sürece dışarıdan ne kadar etki alsak da sonuçta etkilenmek veya etkilenmemek tercihi bize aittir.

Tercihimizi biz yaptığımıza göre sonuçlar da tamamen bizle ilgilidir. İstersek kendimizi karamsarlıklar içerisine gömer ve mutsuz bir hayat süreriz. Ya da akıllı davranmaya karar verir ve kendimizi mutluluğa odakladığımız bir hayat süreriz.

Her zamanki gibi istemek ve kendimizi yönlendirmek anahtar kelimelerimiz olacaktır.

Karar Verelim

- Beynimizi programlamaya karar verelim ve kendimizi bu yönde eğitelim. Biz gönüllü olduğumuzda o bizim komutlarımızı dinleyecektir.

- Gereksiz, itici, bunaltıcı konuları aklımızdan çıkartıp atalım. Üzüntü yığınlarını içimize gömelim demiyorum. Ancak değiştirmek için yapacak bir şeyimiz yoksa onları beynimize davet etmek yerine en azından bir süre için uzak tutalım.

Değerli Olduğumuzu Bilelim

- Kendimizin birey olarak farkında olalım. Bizim dışımızda bulunan insanlardan etkilenmemeye karar verelim. Başkaları bize nasıl davranırsa davransın biz değerli olduğumuzun bilincinde olalım.

Neşeye Programlanalım

- Akşam uykuya geçerken kendimize söz verelim ve şu cümleyi tekrar edelim. ' Uyandığımda çok neşeli olacağım ve neşeli olmak için gün boyu kendime destek vereceğim.'

- Sabah uyandığımızda ise ilk olarak kendimize verdiğimiz bu sözü hatırlatalım. Bu gün neşeli olacağımıza dair kararlı olarak işe başlayalım.

Kendimize İyi Davranalım

- Kahve veya sevilen herhangi bir içecek ile güne başlayalım. Kilo problemine sahip olmayanlar için güne hafif bir kahvaltı ile başlamak neşe destekleyici bir faktör olacaktır.

- Kendi kendimize gün boyu neşeli olacağımızı tekrarlamamızda hiç bir sakınca yoktur. Hatta faydasını görürüz. Konunun içimizde daha bir somutlaşmasına yardımcı olur. Beynimizi mutluluğa odakladığımızda kendi sesimizden duyduğumuz cümlelere de itaat ederiz. Takip eden satırlarda işinizi kolaylaştırmak üzere yazılmış birkaç örnek cümle bulacaksınız.

"Ben bugün çok neşeliyim."

"Karşılaştığım ufak veya büyük olayların beni üzüp sinirlendirmesine izin vermeyeceğim."

"Başkalarının keyfimi kaçırmasına olanak tanımayacağım."

"Gün boyu mantıklı olmaya gayret ederek sıkıntıları kendimden uzak tutmayı bileceğim."

Neşeye Selam Yolumuza Devam

- Kendimize verdiğimiz sözün bilincinde olarak gün boyu yüzümüzde bir gülümseme ile dolaşalım.

- Aklımıza gelen üzüntü yaratıcı ne var ne yok beynimizin dışına atmaya gayret edelim. Bu anlamda gelip aklımıza çöreklenmek isteyen ne varsa elimizle kulağından tutarak dışarı atalım.

- Bu eylem için sağ elinizi başınıza doğru götürün.

- Avucunuzu başınızın üzerinde açın.

- Başınızın üzerinde kötü düşünceyi yakaladığınızı hayal ederek elinizi kapatın.

- Bu hareketle kötü düşünceyi yakalamış oldunuz. Şimdi onu fırlatıp atın.

- Kötü düşünce her ne ise aklınızdan çıkıp gitti. Şu anda kendinizi daha iyi hissedebilirsiniz.

Enerji Çeperimize Dikkat!

Gün boyu çeşitli olumsuzluklar bizi üzerek sıkıntı duymamıza neden olur. Bu da vücut enerjimizi olumsuz etkiler. Aklımıza hakim olurken dış çeperimize de (auramız) gereken özeni göstermemiz gerekecektir. Bunu destekleyecek en iyi yollardan birisi de her sabah ılık bir duş almak olacaktır.

Gelişim Bilançosu

Bildiğiniz gibi işletmeler her üç ayda bir geçici bilançolar düzenlerler. Bunu da basit anlamı ile nerede olduklarını, nereden nereye geldiklerini görmek için yaparlar. Sonuçlarını gözden geçirerek varsa hatalarını ortaya çıkartır, yapmamaları gereken eylemleri saptarlar.

Düzenlenen bu bilançoların incelenmesi sonunda varsa gereksiz yapılmış yatırımlar durdurulur ya da fazla olan masrafların elimine edilmesine karar verilir.

Peki, biz neden kendimiz için böyle bir bilanço hazırlamayalım?

Düzenlemesi son derece basit ve pek fazla zamanımızı almayacak bu bilançoyu gelin biz her ay düzenleyelim. Bu sayede hedeflerinizi saptamak, revize etmek ve elde etmiş olduklarınızı somut bir şekilde görmek imkanınız olacaktır.

Gelişim Bilançosu Düzenleme

Kendi muhasebemizi tutmaya karar verdiysek öncelikle birkaç soruyu kendimize açıkça sormanız gerekecektir.

Bu soruları da bir nevi bilanço kalemi gibi değerlendirdiğimizde olmazsa olmaz kalemleri aşağıdaki şekilde sıralamak gerekecektir.

- Ne yaptım?
- Ne yapmayı planlıyorum?
- Henüz gerçekleşmemiş hedeflerim nelerdir.
- Görünmeyen kalemler

Şimdi elimize bir kalem ve bolca kağıt alarak rahat bir yere oturalım. Bu kez müzik dinlemenize veya bulunduğunuz ortamın şekline sınırlama koymayalım.

Oturacağınız yer bir deniz kenarı veya bir kafe bile olabilir. Sadece dinlediğiniz müzik tarzı sizi demotive edip düşüncelere dalmanıza neden olmasın yeter.

Unutmadan söyleyeyim. Bu bilanço içerisinde başaramadıklarım diye bir hane asla yer almayacaktır.

Amacımız elde ettiğimiz ve elde etmek istediğimiz başarılarımız üzerine kurulu olup eksi kalemleri bu kez es geçip görmezlikten gelmenin kimseye bir zararı olmayacaktır.

Ne Yaptım Kalemi

Bu kaleme o güne dek gerçekleştirmiş olduğumuz ve başarımız olarak görebileceğimiz ne varsa yazalım.

Herkesin kendisine ait olduğunu düşündüğü başarıları illaki vardır. Bu kağıtları siz istemeden kimse göremeyeceği için canınız ne çekiyorsa onu yazmanızda hiçbir sakınca yoktur.

Daha iyi bir sonuç alabilmek adına önce genellemeler yapıp ardından alt kalemlere ayırmak işinizi kolaylaştıracaktır. Alt kalemler herkesin kendi düzenlemek istediği biçimde oluşturulabilir. Benim önerimse aşağıdaki şekildedir:

- Aile
- İş
- Aşk hayatı
- Kişisel Gelişim
- Hobi

Ne Yapmayı Planlıyorum Kalemi

Burada önerim fazla dağılmadan yukarıda sayılan şıklar doğrultusunda gelecekteki planlarınızı yazmanız olacaktır.

Hedefler ve planlananlar gözümüzün önüne somut bir şekilde konduklarında daha büyük bir anlam taşırlar. Aksi halde unutulması, ertelenmesi veya tamamen göz ardı edilmesi işten bile değildir.

Henüz Gerçekleşmemiş Hedefler Kalemi

Hepimizin gerçekleştirmek istediği sürece bağlı hedefler vardır. Bunları da yine sıralamayı bozmadan ilgili şıklara dağıtmak akılda kalıcı olmalarını sağlayacaktır. Bu kalemi bilançoyu yapmaya başladığımız ilk gün boş geçmenizi öneririm.

İlk kez yaptığımız bir uygulamada hedefler de yeni olacağından henüz gerçekleşmemek gibi bir durum mevzubahis değildir.

Görünmeyen Kalemler

Bilançomuzu yapmaya başladığımız ay ve onu takip eden ilk birkaç ay içinde bu kaleme hiç ihtiyacımız olmayacaktır.

Bu kaleme sadece saptanan sürede gerçekleşmeyen hedeflerimizi atıp belli bir süre üzerini örteceğiz. Ta ki onlardan birisini yeniden gündeme taşımayı canımız isteyene dek bu kaleme bir daha dönmeyeceğiz.

Bilanço Kullanımı ve Kontrolü:

- Her ayın mümkünse belli bir zamanında bilanço kontrolümüzü yapmaya özen gösterelim.

- Dikkat edeceğimiz en önemli nokta her zamanki gibi kendimizi incitmemek olacaktır. Bu bilançoyu kendimize olumlu katkı sağlamak için çıkardığımızı unutmayıp, gerçekleşmeyen kalemlere fazla takılmayalım.

- Öte yandan kendimize daima açık olmaya çalışalım. Kendi kendimizin patronu olduğumuza göre ortada kendimizden başka kimseye verilecek bir hesap da yoktur. Gerçekleşmeyen bir hedefi uzunca bir zaman görmezlikten gelmemiz gereksiz bir kandırmaca olacaktır.

- Belirlenen tarihlerde gerçekleşmeyen kalemleri bir süre için bilanço dışına çıkartmamızda herhangi bir sakınca yoktur. Devamlı olarak gerçekleşmemiş hedefler kalemini kabartmaktansa bunu bir süre 'Görünmeyen Kalemler' hesabına atmak içimizi rahatlatacaktır.

- Takip eden zamanlarda görünmeyen kalemler hesabını kontrol ederek buraya atmış olduklarımızı yeniden henüz gerçekleşmemiş hedeflere ya da yeniden revize ederek 'Ne yapmayı planlıyorum kalemi' ne atabiliriz. Bunu da sadece canımız isterse yaparız. İşin sırrı zaten burada.

Hobilerimiz

Gelişim bilançosunu kapatmadan evvel özellikle üzerinde durmak istediğim bir konu var. O da hayatımıza olumlu katkılar sağlayan hobilerimiz.

Ailemiz, aşkımız, gelişim, iş gibi konular hayatımızda önemli bir yer tuttuğundan bunlar için durmaksızın çalışır ve birçoğumuz devamlı olarak hayatımızdan ödün veririz.

Peki sıkılıp bunaldığınızda, canınız minik bir değişiklik istediğinde neler yapıyorsunuz? Sığınacak gerçek bir limanınız var mı?

Bu anlamda iş dışında kendimizi verdiğimiz uğraşlarımız bize moral kazandıran, huzur veren güvenli birer limandır.

Bunun için herhangi bir yeteneğimizin olması veya konu her ne ise mutlak surette başarılı olmamız gerekmez.

Üstüne birde başarı elde ediliyorsa ne ala ancak hobiler kendimize ait zaman diliminde sadece kafamızı boşaltmamıza yardımcı olsalar bile görevlerini başarı ile tamamlamış sayılırlar.

BÖLÜM 3

MEKÂNLARDA HUZUR

Her yerde huzuru ararız. Aramak yerine size gelmesi için çağırmayı denediniz mi?

Maalesef bu olgu hiç kimse tarafından getirilip kucağımıza bırakılmaz. Marketlerde de satılan bir şey olmadığına sahip olabilmek için ne yapmanız gerektiğini hiç düşündünüz mü?

Huzura sahip olmanın tek bir yolu var! Onu içimizde taşıyarak yaşadığımız yerlere monte etmek.

Bunu da yapacak olan sadece bizleriz...

İlerleyen sayfalarda; evinizde, işyerinizde ve dahi yatağınızda huzurun sizden ayrılmaması için birkaç öneri bulacaksınız.

Bu önerileri hayata geçirmeye ne dersiniz?

Huzur Odamı Yaratıyorum

Herkesin diğer insanlardan uzak kalıp, dış dünya ile bağlantısını kapatmak istediği anlar olabilir. Hayata ve insanlara kırıldığımız ya da kendimizi tedirgin hissettiğimiz dönemlerde bu tür duyguların yaşanması son derece normaldir.

İçsel motivasyonu güçlü insanlar kendilerini rahatlatacak yöntemleri bulmakta fazlaca zorlanmazlar. Öte yandan bu yöntemler herkes için değişkendir. Kimi bir deniz kıyısında denizin maviliklerine bakarak düşüncelere dalar. Bir diğeri uzun saatler boyunca yürümeyi tercih eder. Kimi de yeşilliklerle dolu bir mekânda oturarak huzur bulmaya çalışır.

Önemli bir bölümümüzde bu huzuru yakalamak için evinde olmayı tercih eder.

Sizde huzuru evinde yakalayacağına inananlardansanız burada küçük bir 'Huzur Köşesi' oluşturmak üzere harekete geçmeye ne dersiniz?

Hazırlanacak 'Huzur odası'nın size herhangi bir maliyeti ya da zahmeti olmayacağını rahatlıkla söyleyebilirim. Tüm yapılması gereken birkaç basit malzeme temin edip, ufak tefek bazı kurallara dikkat etmektir.

Huzur Odamda Bulunması Gerekenler

- Ateş, hava, su, toprak, metal olarak sınıflandırılan beş adet elementten oluşan bir demet bize gereken ilk malzemedir.

- Bu arada evimizde kendimizi en rahat hissettiğimiz odanın saptamasını yapmayı da unutmayalım.

- İçinde sevdiğimiz herhangi bir yeşil bitki olan saksı veya yeşil dalların bulunduğu bir vazo da bir diğer gereken unsurdur.

Malzeme temini son derece basit ve masrafsız olarak gerçekleştirildikten sonra şimdi de dilerseniz odamızı ve odadaki köşemizin nasıl hazırlanacağı konusuna eğilebiliriz.

Malzemeler Hazırsa Huzur Üretimine Geçebiliriz

- Herkesin evinde, oturmaktan keyif aldığı bir mekan vardır. Bu kişinin kendi odası veya evin bir başka odası da olabilir.

Bu güne dek bu konu üzerinde hiç düşünmediyseniz o halde şimdi karar vermenin tam zamanıdır.

Evinizin içinde sakince dolaşarak işe başlayın. Farkındalığınızın açık olmasına, duygularınızın dolaştıkça nasıl değiştiğine dikkat etmeniz gerekecektir. Önemli olan huzuru en fazla nerede hissettiğinizdir.

- Mekâna karar verdikten sonra, bulunduğunuz yerde gözlerinizi dolaştırarak, sizi rahatsız eden bir eşyanın var olup olmadığına dair sıkı bir inceleme yapın. Kalabalık ve bol miktarda eşyanın bulunduğu odalar insanın kafasını kolayca dağıtıp, konsantrasyonunu olumsuz yönde etkiler. Öte yandan eşyalarla dolu bir ev enerjinin de rahat dolaşmasına engel olacağından huzur için kullanacağınız odada mümkün olduğu kadar az eşya bulundurmanızı öneririm.

- Gerekli elemeleri yaptıktan sonra, odanın içerisinde dolaşmaya devam ederek bu kez içimizin en çok rahat ettiği noktayı saptayalım.

Odada bulunan eşyaları her zaman dilediğimiz gibi eleme şansımız olmayabilir. Örneğin kocaman bir dolap gözümüzü rahatsız etse bile yerini değiştirmek imkânı bulamayabiliriz. Böyle durumlarda bu eşyalara sırtımızı dönebileceğimiz şekilde oturmaya gayret edelim.

Biz huzur bulacağız diye başkalarını huzursuz etmek hakkımız olmadığından oda içerisinde elemeleri yaparken evin diğer sakinlerinin rahat ve huzurunu kaçırmamaya özen gösterelim.

- Bu işlemleri tamamladıktan sonra odanın ortasına geçelim ve gözlerimizi kapatarak kendi kendimize tekrar edelim.

'Burası benim huzur odam olacak. Bu oda içerisinde huzuru yakalayacağım en doğru noktayı bulacağıma inanıyorum.'

- Gözlerimizi açalım, odanın içerisinde yavaşça gezinirken bir yandan da dikkatle bakarak en rahat edeceğimiz noktayı bulmaya çalışalım.

- Odanın içinde bölge saptamasını da yaptıktan sonra, rahatça oturabileceğimiz bir koltuğu o bölgeye yerleştirelim. Koltuğumuzun pastel renklerden oluşmuş bir döşemesi olmasına gayret edelim.

Bu mümkün değilse, üzerine mavi veya yeşilin pastel tonlarından oluşmuş bir örtü örtelim. Bu arada oturduğumuz yerde ayaklarımızı da uzatabileceğimiz ufak bir sehpa veya iskemle bulunmasına dikkat edelim.

Ayaklarımızı uzatmak rahat etmemizi sağlayacağı gibi kan dolaşımımızın da normal olmasını sağlayacaktır. Buraya da aynı şekilde mavi veya yeşil ancak mutlaka pastel tonlarda bir örtü örtmeyi unutmayalım.

Pastel renkler huzur duygusunu destekleyici bir özelliğe sahiptir. Diğer renkler insanda genelde farklı duygular uyandıracağından özellikle huzura daha çok ihtiyaç duyulduğu anda pastel renklerin etrafımızda olması istediğimizi daha çabuk elde etmemize yardımcı olacaktır. - Bu aşamalardan sonra sıra elementlerimizi doğru yere yerleştirmeye geldi. Odanın ortasında ateş yakamayacağımıza göre, ateşi çağrıştıran bir şey mesela kırmızı bir jelatini odanın herhangi bir yerine koyabiliriz.

Hava zaten etrafımızda bulunan her yeri kapladığından onu aramamıza gerek kalmayacaktır.

Yeşil bir bitkinin olduğu bir saksımız var ise toprak zaten içerisinde olacağından, saksıyı yakınlarımıza bir yere koymamız da yeterlidir.

İçerisinde metal bulunan herhangi bir objeyi de bularak saksımızın kenarına yerleştirdikten sonra, bir bardak suyu yanımıza aldığımızda tüm elementlerimiz tamamlanmış olacaktır.

Kendimiz için yarattığımız bu köşeyi;

- Huzur bulmaya ihtiyacımız olduğuna inandığımız zamanlarda.

- Karar vermemiz gereken önemli konular olduğunu düşündüğümüzde

- Dengemizi bulmaya gereksinim duyduğumuz her an kullanabiliriz.

Huzur köşeniz hayırlı olsun…

EVDE HUZUR VE BOLLUK TERAPİSİ

Evimiz bizim için önemlidir. Günün yorgunluğunu attığımız, uyuduğumuz, ailemizle en fazla bir arada olduğumuz mekândır.

Evlerimiz aksine bir durum olmadıkça hemen hepimiz için birer sığınak görevi görür.

Böylesi önemli bir mekana elbette farklı bir özen gösterilmesi gerekecektir. Huzurlu ve mutlu bir yuva olabilmesi yanında bolluk içinde olması da kendi iç huzurumuz için gerekli bir etkendir.

Evimizin bolluk içinde yüzmesi adına her daim elimizde tütsülerle dolaşarak ritüeller ve kutsamalar yapacak vaktimiz veya inancımız olmayabilir. Ancak birkaç önemli noktaya değinmek gerekecektir.

Temizliğe Dikkat

- Yaşadığımız yerin huzurla donanması için pahalı ve lüks eşyalar ile döşenmesine gerek yoktur. Huzura önem veren bir toplum olan Uzakdoğuluların tarzlarına bakacak olduğunuzda evlerinin hep sade ve basit eşyalar ile döşenmiş olduğunu göreceksiniz.

- Öte yandan evimizin bolluk içinde olmasını istiyorsak bereketi davet etmekle işe başlayacağız. Bunun yanında bolluğun bizimle olması için de gerekli dikkati göstermeliyiz.

- İçinde yaşanılan mekan olan evimizin temiz ve tozdan arınmış olmasına özen göstermek bu konuda bize yardımcı olacaktır. Ne kadar yorgun olursak olalım yine de evimizin içinde örümcek ağı, toz ve benzeri gereksiz unsurların barınmasına olanak vermeyelim. Bunlar evin huzur ve enerjisini olumsuz yönde etkileyecektir.

Alışveriş Yaparken Kendimizin Efendisi Olalım

- Gıda maddesi alış verişine dikkat etmek evin bereketi için önemli bir unsurdur. Bu nedenle alış verişe çıkmadan evvel yiyecek maddelerimizi sakladığımız yerleri dikkatlice inceleyerek ihtiyaçlarımızı saptayalım.

- Elimizde liste olmadan alış verişe çıkmayalım. Alınacakları listelemek gereksiz alışveriş yapmamızı önleyecektir. Bu arada listemize sadık olmaya da gereken özeni gösterelim.

- Sadece canımız istediği için tüketmeyeceğimiz gıda maddelerini almaktan kaçınarak kullanacağımız doğru miktar ve çeşitleri seçmeye özen gösterelim.

- Evimiz için sadece gıda maddesi almakla yetinmiyoruz. Kimi zaman irili ufaklı eşya alış verişlerimiz de olacaktır. Gereksiz madde ve malzeme alımından kaçınmak her zaman akıllıcadır.

Bunun için yine alış veriş öncesi bir liste hazırlamak ve bu listeye sadık kalmaya özen göstermekte fayda vardır.

Canımızın istediği şeyleri almak yerine evimize gerekli olup olmadığını düşünerek hareket etmek doğru karar vermemize yardımcı olacaktır.

- Hesapsız ve incelemeden alım yapıldığında tüketim maddelerinin evde birikmesi kaçınılmazdır. Bunu ancak dikkatli davranarak önleyebiliriz.

Bize Gerekmeyenlerden Vazgeçmeyi ya da Onları Paylaşmayı Öğrenelim

- Yiyecek atmamaya ve gereksiz kullanmamaya özen gösterelim.

- Tüm dikkatimize rağmen fazla olan tüketim malzemelerimizi bir şekilde kullanabilecek olanlarla paylaşalım.

- Sofra evin bolluğunun test edildiği en önemli mekandır. Sofrada yiyeceklerimizi uygun bir şekilde pay etmeye özen gösterelim.

- Yiyeceklerimizin ziyan olmaması adına gereğinden fazla miktarda pişirilmemesi için önlem alalım.

- Binlerce aç insanı düşünerek her yemeğin başında ve sonunda evrene ve Tanrıya teşekkürlerimizi sunalım.

İŞYERİNDE HUZUR VE BOLLUK TERAPİSİ

İşyerinde huzur; insanların daha verimli çalışması ve işlerin daha düzgün yürümesi için gereken en önemli unsurlardan birisidir.

Bu konuda herkesin kendisine göre takip ettiği bir yol olmakla beraber ufak tefek birkaç noktaya özen göstermek gerekecektir.

İşyerinde 'Ortak Ruh' Kavramına Önem Verelim

- İşyerimizde bulunan insanlar ve eşyalar bu anlamda oldukça önemlidir. Hepsi bir araya gelerek o mekanın ortak bir ruh oluşturmasını sağlarlar.

Bu bilinçten hareketle gerek insanlara gerekse eşyalara gereken özeni göstermeye daima gayret etmeliyiz.

Temizlik ve Aydınlatma Unutulmamalı

- Temizlik özellikle üzerinde durulması gereken bir konudur. Var ise vitrinden içeride personelin kullandığı özel bölümlere kadar her yerin temiz ve tozdan arındırılmış olması gerekir. Toz ve pislik huzurlu bir ortama engel olacağı gibi mekan içindeki enerjiyi de olumsuz etkiler.

- Kullanılmayan veya herhangi bir işe yaramayan eşyaları iş yerimizin dışına çıkartmak da bir diğer adım olacaktır. Burayı bir sahne olarak kabul edecek olursak sahne dışı bırakmamız gereken materyalleri özenle ayıklayarak işe devam etmeliyiz

- Işıklar daima aydınlık verecek biçimde ayarlanmış olmalıdır. Yetersiz veya gereğinden fazla kullanılan ışık içeridekilerin veya gelenlerin huzurlarını olumsuz etkileyecektir.

İşin Ruhuna Uygun Obje Seçimleri

- Minik biblo ve benzeri aksesuarlardan hoşlanıyorsak, ofiste veya mağazada yaptığımız işin ruhuna uygun küçük ve anlamlı objeler bulundurmaya dikkat etmeliyiz. Özellikle pastel renklerdeki objeler huzurun artmasına yardımcı olacaktır.

- Objelerin her birinin temiz, tozdan arınmış yerinde ve amaca uygun dizilmiş olmasına dikkat edilmelidir.

Bunların yerini seçmek de işin farklı bir aşamasıdır. Baktığımızda içimizin en rahat ettiği yer, konulmalarının en uygun olduğu yerdir. Bunu da en kolay deneme yanılma yolu ile bulabiliriz.

Kullanılan Kıyafetlere Özen Gösterelim

- Her gün ayrı bir kıyafet giyip kimsenin başını döndürmek durumunda değiliz. Önemli olan kullandığımız kıyafetlerin temiz ve düzenli olmalarıdır.

Akıl Temizliğine Dikkat!

- Kıyafet ve mekan gibi konuların yanında kafamızın içinden geçenler de büyük önem taşımaktadır.

Herhangi bir olumsuz fikri aklımızda barındırmayarak kendimizi güzel düşüncelerle motive etmek bu anlamda bize yardımcı olacaktır. Olumsuzluğun hüküm sürdüğü yerde huzur ve bolluk kalıcı olamaz.

- Bizimle beraber çalışan insanlar varsa kıyafetlerinin temiz ve uyumlu olmasına özen göstermeliyiz.

Etrafımızdaki İnsanları Motive Edelim

- Çalışanların moralleri ve çalışma şartlarının düzgün olması işyerimizin huzurunu destekleyen önemli bir unsurdur.

Aynı mekânı gün boyu paylaştığımız insanları olumlu yönde motive ederek bizde üzerimize düşeni yapmış oluruz.

İnsanlara iyi davranmaktan ve olumlu olmaktan kimseye zarar gelmez. Başında da önemle vurgulandığı gibi çalışanlar ortak ruhun bir parçasıdır. Kimi zaman her ne kadar yorucu olsa da huzuru devamlı kılmak adına bu çabayı göstermek akıllıca olacaktır.

Olmazsa Olmaz Beş Element

Beş elementi huzur için mutlaka işyerimizde bulundurmamız gerekecektir. Toprak, su, hava, metal, ateş beşlisinin ortamınıza vereceği olumlu katkıyı denediğinizde siz de fark edeceksiniz. Bunun için kendinizi fazlaca yorup aranmanıza gerek yoktur. Saksı içerisinde canlı bir çiçek, kırmızı bir parça parlak kâğıt, bir köşede duran bir bardak su bu işi kolayca çözecektir.

Renklerin Dili Ve Uyumu

Renklerin mekân içinde kullanımına dikkat etmek de ayrı bir unsurdur. Herkesin yâptığı işin ruhuna uygun renkler bulundurması işyeri huzuru için önemli bir destektir.

Öte yandan her rengin insanlar üzerindeki etkisini dikkatlice inceleyerek kendi ortamımıza uygun olanların seçimini yapmak akıllıca olacaktır. Hareketli olması gereken bir iş yerimiz varsa seçilen renklerin ortama belli bir dinamizm katmasına da dikkat etmeliyiz.

Hareket Bereket Getirir

Sıcak satışa yönelik bir işimiz varsa personelin içerideki hareketlilik durumu da tüm koşulları etkileyecektir. Herkesin miskince oturduğu bir yerde satışların düzgün gitmesi elbette beklenemez.

Bu nedenle gerek çalışanların ve gerekse sahibinin işyerinde hareket halinde olmaları akıllıca olacaktır.

Müşteri akışı olmadığı zamanlarda bile kişinin hareket halinde olmak adına bir takım işler yapması mümkündür. Özellikle göz önünde bulunan işyerlerinde hareket dikkat çekici olup müşteri girişini arttıran unsurlardan birisidir.

İstenmedik Ziyaretçiler ya da Sevdiğimiz Arkadaşlarımız

- Doğaldır ki her zaman insanın yüzünü güldürecek ve onun moralini yükseltecek müşteriler gelmez. Kimi zaman da hoşlanılmayan kişiler ziyaretinize gelebilir. Özellikle gitmeleri doğrudan söylenemeyen durumlarda bu sıkıntıya katlanmak gerekecektir.

Böyle zamanlarda bu kişilerin mekanı terk etmesinden sonra kendinizi rahatlatmak adına elinizi ve yüzünüzü yıkamak içinize ferahlık verecektir.

- Dostlarla beraber olmak her ne kadar güzel olsa da işyerlerinde uzun süreli ağırlamalardan kaçınmalıdır. Var olan bilgi ve ilginin işe yönlendirilmesi ortama hareket ve huzur katacaktır.

- Dışarıdan gelenler gerek müşteri, gerekse sizi ziyarete gelmiş insanlar olsun, onların konuklarınız olduğunu unutmayınız. Hoşlansanız da, hoşlanmasanız da güler yüzle ve abartısız karşılamaya özen göstermek mantıklı bir davranış biçimidir. Böylelikle hem sizin hem de diğer çalışanların huzurları bozulmayacaktır.

Kazanca Saygı

Huzur ve bolluk için dikkat edilmesi gereken diğer bir konu da yapılan satış sonrası alınan paranın özenle yerine konulmasıdır. Para sonuç olarak verdiğimiz emeğin en görünür kanıtıdır. Çalışmanın amacı ise para kazanmak ve bu sayede hayatımızı devam ettirmektir. Dolayısıyla emeğimizin karşılığına da saygılı olmalıyı bilmeliyiz.

Huzurlu olmak ve bu huzurlu havayı bulunduğunuz her mekanda arttırmaya çalışmak zaman içinde bu durumu doğal bir alışkanlık haline getirecektir. Birkaç kez deneyip olumlu etkisini gözledikten sonra ise fark etmeden ve üzerinde düşünmeden tüm uygulamaları yaptığınızı göreceksiniz.

HUZURLU UYKU UYUMA TERAPİSİ

Hayatımızın bazı dönemlerinde ne kadar uyusak da dinlenemediğimizi hisseder ve gün boyunca bunun huzursuzluğu üzerimizde olduğu halde dolaşır dururuz.

Kimi zaman normalden uzun süreli uyumak şansı yakalasak da, sanki uyumamış ve tüm gece boyu taş kırmış duygusu ile bir türlü toparlanamayız.

Günün sonunda yatağın yolunu ne kadar erken bulsak da ertesi gün durumun değişmediğini görür bir türlü kendimizi sağlıklı ve zinde hissedemeyiz.

Huzurlu Uyku Moral ve Sağlık Açısından Önemlidir

Hepimiz gün boyunca olumlu ve olumsuz birçok olayı birbiri ardına ekleyip yaşarız. Özellikle hassas bir ruh yapısına sahip olanlarımız tüm gün yaşadığı huzursuzluk yetmezmiş gibi bunu birde uykusuna taşıyacaktır.

Oysa uyku rahat etmemiz, vücudumuzu dinlendirmemiz ve sağlıklı bir zihinle güne merhaba diyebilmemiz için olmazsa olmaz değerli bir eylemdir.

Böylesi önemli bir süreçte hiçbir şeyin bizi rahatsız etmek veya uykumuzdan etmek hakkı yoktur.

Gün boyunca verdiğimiz hayat savaşında var olan cephanemizi kullanabilmek için ihtiyacımız olan açık bir zihni uykumuz sayesinde elde ederiz.

Huzurlu bir uyku sonrasında yataktan kalktığımız an daha dingin, sakin ve olaylara daha sağlıklı bakacak gücü kazanmış oluruz.

Havalar, odamızın ısısı, yerimizin değişmesi gibi konular bu durumu etkilerse de uykumuz daha çok iç huzurumuz ile doğrudan bağlantılıdır. İç huzurumuzun dengede olması güzel bir uyku çekmemizde en önemli etkenlerden birisidir.

Gün içerisinde yaşadığımız gerginlikler, insanlarla iletişimlerimizde aksayan noktalar ve genel problemlerimiz ise iç huzurumuzu doğrudan etkileyen temel faktörlerdir.

Elbette kimi zaman problemlerimizin bize rahat vermediği ve günümüzü olduğundan da berbat hale getirdiği dönemler olabilir. Ancak şurası da açıktır ki günü güçlü geçirebilmek adına sağlıklı bir uyku uyumamız şarttır.

Bu nedenle gün sonunda uykuya geçmeden evvel ve uyandıktan hemen sonra ufak tefek bazı konulara özen göstermemiz gerekecektir.

Uykudan Evvel Dikkat Edilmesi Gerekenler:

- Seyahat veya zorunlu sebeplerle kendi odamız dışında yabancı bir odada uyumamız gerekebilir. Bu konuda hassasiyetimiz varsa oda içerisinde mümkünse ufak bazı düzenlemeler yaparak onu kendimize ait hale getirmek için birkaç dakika harcamamız yeterli olacaktır.

Uykuya geçilen mekânın huzur vermesi için bize ait olduğu hissinin içimizde uyanması gerekir. Kendimize ait birkaç eşyayı odada gözlerimizin dolaştığı yerlere koymak odanın bize daha tanıdık bir yer olmasına yardımcı olacaktır.

Bunun dışında dikkat edeceğimiz bir diğer konu da kendimizi 'Şurada uyurum, burada uyuyamam' şeklinde sınırlamalar içerisine sıkıştırmamaktır. Önemli olan uyunan yerin farklı olması değil bizim ortamı yönetme becerimizdir.

- Gözle görülmese de her odanın içerisinde kendine özgü bir enerji dolaşır. Uyuyacağımız odanın güzelce havalandırılmış ve kötü kokulardan arındırılmış olmasına önem verelim. Mevsim uygun olmasa da odanın bir süre boş bırakılarak havalandırılması odaya taze hava imkanı verir. Bu sayede içeride bulunan enerji de daha rahat hareket edecektir.

- Uykuya geçmeden evvel odanın ısı derecesinin de kontrol altına alınabilmesi oldukça önemlidir. Çok sıcak veya fazla soğuk ortamlar uykumuzun bozulmasına neden olabilecek etkenlerdir.

- Kimi zaman bütün bu işlemler tamamlandıktan sonra odada hoş ve hafif bir tütsü kullanılması huzurumuzun artmasına yardımcı olacaktır.

- Yatacağımız mekanda yerde, yatağın üzerinde bulunan örtülerin ya da kullanılan nevresimlerin hafif pastel renklerde olması daha kolay uykuya geçmemize yardımcı olacaktır. Ağır renklerden oluşan ev eşyalarının kullanılmasından kaçınmak daima mantıklı bir davranıştır.

Hafif pastel tonlar uykuya her zaman huzura olumlu etki etmekle beraber değiştirmek imkânımız yoksa bu konuyu kafamıza takmamaya çalışmak uygun olacaktır.

- Kimi insanların uyumadan evvel ağızlarına mutlaka birkaç lokma bir şey atmak gibi bir alışkanlıkları varsa da, ağır yemeklerden veya içeceklerden kaçınmamız uykumuzun daha düzenli olmasını sağlayacaktır.

- Alkol, sigara benzeri maddeleri yatmadan evvel tüketmemeye özen göstermemiz durumunda uyku kalitemiz yükselecektir.

- Uyku süremiz ne fazla ne uzun olmamalı. Bu konuda tıbbi araştırmalar yapılarak ortalama uyku saatleri her yaş dilimine göre belinmiş olmakla beraber herkesin ille de bu ortalamalara uymak gibi bir zorunluluğu yoktur. Vücudumuzun uykuya ihtiyacını biz saptarız. Kimimiz az kimimiz uzun süre uyuyarak kendine gelebilir. Bu durum bünye ile doğrudan alakalı olup önemli olan her zamanki standardımızın altında veya üzerinde kalmamaktır.

Vücudumuzun alışkanlığından fazla veya daha az uyumak uzun saatler ortalıkta sersemlemiş bir şekilde dolaşmamıza neden olabilir

Uykudan Sonraki Evrede Dikkat Edilecekler

Elbette güzel bir uyku sonrasında kalktığımız anda da yapılacak bazı ufak tefek hatırlatmalar vardır.

- Uyandığımızda kendimize günaydın diyerek gülümseyelim. Yeni bir güne başlamak önemlidir. Bu eylem basit olmakla beraber günün kaosuna dalmadan kendimizin birey olarak farkına varmamızı sağlar.

- Öz bakımımızı yaparken sakince günümüzü programlamaya başlayalım.

- Kendimizi yormadan yapacak olduğumuz birkaç egzersiz bize yeni bir günü sporla karşılamanın ayrıcalığını verecektir. Bunun için kolaylıkla uygulanabilecek birkaç standart hareket yeterlidir. Şayet bu gibi bir alışkanlığınız yoksa da abartmadan başlayıp alışkanlık haline getirerek vücudunuzu ödüllendirmeye ne dersiniz?

- Spor sonrasında alınacak ılık bir duş ve sıcak ya da soğuk sağlıklı içecekten sonra heybemizi kuşanarak yeni bir güne merhaba demek için hiçbir engelimiz kalmamış demektir.

BÖLÜM 4

BAĞIŞLAMA VE ARINMA

Yaşadığımız sürece daha iyi ve doğru olana ulaşmak yolunda çaba gösteririz. Bu nedenle kimi yaşanmışlıkları silmek için uğraş vermek kaçınılmazdır.

İnsan olarak dayanma gücümüz ve sınırlarımız son derece geniştir. Biz içimize neyi atar ve bırakırsak orada kalır. Öte yandan istenmedik anıları, güzel olmayan alışkanlıkları, mutsuzlukları çıkarıp atmalıyız ki daha güzel olana daha kolay ulaşabilelim.

Hayat; problemlerini çözmek isteyen insanın yanındadır. Yeter ki çözüme odaklanalım. Evren gücümüzü göstermemiz için bize şans verecektir.

Duygu Çöpü Boşaltma Terapisi

Hayatımıza bilgisayarın girmesi ile teknik açıdan oldukça büyük olanaklara kavuştuğumuz kesin. Zaten birçoğumuz kullandığımızdan yeniden tekrar edip bu konuda baş ağrıtmaya gerek yok. Ancak 'Geri Dönüşüm Kutusu' denilen seçeneğinin üzerinde önemle durmak isterim. Ki bu seçeneğe daima gizli bir hayranlık duymuşumdur.

İşinize yarayan ne varsa bilgisayarınızda saklar, güncelliğini yitirmiş bir daha dönüp bakmayacağınız ne varsa bu kutuya atarsınız.

Daha da olmadı geri dönüşüm kutusunu boşaltır, tüm işe yaramaz ögeleri parmağınızın bir tek hareketi ile uzay boşluğuna gönderiverir bir daha da yüzünü bile görmezsiniz.

Peki... Yaşanıp bitmiş, güncelliğini kaybetmiş, artık üzerinizde hiç bir etkisi olmadığını düşündüğünüz anılarınızdan ne haber?

Üzerinizde sadece olumsuz tortularını bırakmış duygularınız...

Yaşadığınız anda bile hoşlanmadığınıza karar verdiğiniz anılar...

Eski aşklarınızı ne yaptınız mesela?

Onlarla ilgili olarak önlem almayı düşündüğünüz hiç oldu mu?

Yoksa yaşanıp bittikten, ağlayıp stresini çektikten sonra, onları ahde vefa olsun diye kaldırıp beyninizin en kıymetli yerindeki duygusal çöplüğünüze mi attınız?

Anılar itinayla istiflendi... Buraya kadar güzel. Acaba onlar şimdi o çöplükte, canınız ne zaman sıkılmak ve kendinize bunalım yaratmak isterse çıkarılıp kullanılmak üzere emre amade mi bekliyor?

'Ben eski aşklarımın hiç birisini unutmadım, yaşadığım ne varsa anılarımda, aklımda' diyenler grubundansanız bu konuda yapacak bir şey yok. Vefalı bir insan olmanız nedeni ile sizi tebrik ederek ikna etmek için uğraşmak gerekecek.

Aşkın ne kadar güzel, ne denli çekici bir duygu olduğu doğrudur. Bizi mutluluktan bebekler gibi zıplatır, kış ortasında baharı yaşatır. Mutlu eder... Dolayısıyla aşkın olumlu yönlerini inkar etmeye gerek yok.

Bir tek farkla!

Aşk yaşanırken, canlılığını henüz korurken güzeldir... Bitip de cansızlığa büründüğü zaman değil.

Öte yandan insanın vefalı olması da mükemmel bir kişilik özelliğidir. Yaşanılmış olayları, insanları, ilişkileri, aşkları unutmamak gerekir.

Peki ya biz?

İnsan olarak kendimize olan vefa borcumuz?

Kendimize karşı yerine getirmemiz gereken görevlerimiz ve sorumluluklarımız?

Sevgili arkadaşlar içimizdeki duygu çöplüğü her an patlamaya hazır gerçek bir bomba gibidir. Bilirsiniz bir çöp kutusu içine ne atılırsa sessiz sakin kabul eder. İçerisine konulan tehlikeli maddeler arttıkça şişer. Lakin dolduğunda patlar ve etrafa yayılmaya başlar.

Her birimizin de içimizde taşıdığımız ve hoşlanmadığımız ne varsa içerisine doldurduğumuz 'Duygu Çöplüğü'de işte böyle tehlikeli bir bölgedir.

İçerisinde tehlikeli, istenmedik, üzüntülü ne varsa barındırır.

Başkalarına vefalı olmak adına içimizde tehlikeli duyguları biriktirip kendimize olan vefa borcumuzu unutmanın gereksiz bir eylem olduğu kanısında değil misiniz?

Sonuç olarak bizi mutsuz eden ve eden ve ruhumuzda rahatsızlık yaratacak durumları düzeltmek bizim görevimizdir. O halde bize kendimizi kötü hissettiren duyguları içimizde neden barındıralım?

Gelin dilerseniz hemen bugün beynimizin 'Duygu Çöplüğü' bölümünde bir tarama çalışması yapalım. Bizi üzen, bunalıma sürüklenmemize neden olabilecek, mutsuzluk yaratan ne varsa onları aklımızdan çıkartıp, uzayın boşluklarına bir daha buluşmamak üzere gönderelim.

Önemli olan karar vermektir. Karardan sonraki aşama ise sadece ufak tefek bazı tavsiyeleri yerine getirmek olacaktır.

- Öncelikle evimizin içinde kendimize sakin bir yer bulalım. Mekan seçiminde karar size aittir. Dikkat etmeniz gereken önemli noktalardan birisi ses ve gürültüden etkilenmeyeceğiniz, rahatsız edilmeyeceğiniz bir yer olmasıdır.

- Terapimizi gerçekleştireceğimiz yer bir oda ise renklerinin rahatlatıcı pastel tonlardan seçilmiş olmasına özen gösterelim. Renk seçim şansımız yoksa oturmayı planladığımız yere açık yeşil, mavi veya beyaz bir örtü kullanalım.

- Mekân seçimi yapıp, renk problemimizi çözdükten sonra yanımıza bir adet kalem ve bol miktarda küçük kağıtlar alalım. Bunun yanında bir adet kutu, birde kulaklıklı bir müzik çalar alabiliriz.

- Yalnız kalıp rahatsız edilmeyeceğimize emin olduğumuz anda mekanımıza çekilelim.

- Rahatça oturduğumuz bir pozisyonda yerimize yerleşelim.

- Hazır olduğumuza inandığımız anda kendi içimize dönerek duygu çöplüğümüzde tarama yapmaya başlayalım. Bu taramayı yaptıkça aklımıza gelen her olay bir diğerini çağıracak, birbiri ardına kötü anılarımız yavaş, yavaş sıraya dizilmeye başlayacaktır.

- Almış olduğumuz küçük kağıtları kullanarak her birinin üzerine bizi üzen, mutsuz eden olayları kısa notlar halinde yazalım.

- İçimizde var olanları bitirdiğimize ve tamamını kağıda döktüğümüze inandığımız anda yazma işlemine son verelim.

- Kağıtlarımızı sıraya koyalım. Mekânımıza çekilirken yanımıza almış olduğumuz kutuyu yakınımızda bir yerlere koyalım. Müziğimizi dinlemek üzere kulaklıklarımızı takalım. Ağır ritimli parçalar anılarımıza dalmamıza neden olur. Dinlemek üzere seçtiğimiz parçaların hareketli bir tempoda olmasına özen gösterelim.

- Sıraya koyduğumuz kağıtları teker, teker alıp okuyalım ve mümkünse bunları sesli olarak okuyalım. Okuduktan sonrada buruşturup çöp sepetine atalım.

Bu işlemi yaparken gözlerimizi kapatalım. Bu arada istenmedik bu olayın beynimizin içinden çıkarak kâğıdımızı attığımız kutuya düştüğünü hayal edelim.

Yazdığımız kaç adet kâğıt varsa hepsi için aynı işlemi yeniden uygulayalım.

- Tüm kağıtlarımız bittiğinde, bunları doldurduğumuz kutuyu da alarak akan bir suya keyifle boşaltalım.

Akarsu hiç bir zaman kir barındırmadığından kötü anılarımıza da layık oldukları finali yaşatacaktır.

Bu çalışma bizim kendimizi daha iyi hissetmemizi sağlarken sakın vefasız olduğunuzu düşünerek kendinizi üzmeyin.

Hayat ve hayatın içerdiği duygular güzeldir. Yaşanılmış olanlardan ise sadece güzel olanlar muhafaza edilmeye layıktır. Bizi rahatsız eden ne varsa uzaya yollayıp hem rahatımızı garantileyelim hem de yeni ve güzel duygulara gerekli yeri içimizde açabilelim.

BAĞIŞLAMA TERAPİSİ

Sevgi en güçlü duygulardan birisidir. Etrafımızda hissettiğimizde ruhumuza huzur ve mutluluk verir. Hüzünler, mutsuzluklar, kavgalar, kırgınlıklar zamanla unutulsa da, sevgiyi unutmak pek kolay değildir.

Bir dönem değer verip sevdiğimiz insanlarla kimi zaman aramıza kırgınlıklar girdiğinde onlarla olan ilişkilerimiz bozulabilir. Bu kırgınlıkların sebebi her ne olursa olsun uzun bir zaman sonra bir araya gelindiğinde hatırlanan en güçlü duygu tarafların birbirine duyduğu sevgi olacaktır.

Uzun süreli kopukluklar sonrası yapılan görüşmelerde, bir dönem yaşanmış olan problemler de ister istemez hatırlanacaktır. Öte yandan paylaşılan güzellikler ve hoş anılarda aklımızı ziyaret edecektir.

Hal böyleyken kimi zaman üzerinde çok düşünmeden kırgınlıklarımızı gereğinden fazla sırtlanıp moralimizi bozmak yerine bunları olabilecek en kısa sürede içimizden atmak ruh ve vücut sağlığımız için son derece önemlidir.

Kırgınlıklarımızın ve olumsuz duygularımızın esiri olmak;

- Huzurumuzu kaçırarak mutsuz olmamıza,
- Ruh sağlığımızı tehdit ederek süreç içinde fiziksel sağlığımızın bozulmasına da zemin hazırlar.

Karşılaşılacak zorlukları toplam iki cümle ile izah etmek mümkün olsa da verdiği zarar kalıcı olabilir.

Özellikle sevdiğimiz insanlara duyduğumuz kırgınlıkları bir an evvel aklımızdan atmak üzere harekete geçmek ruh ve beden sağlığımızı korumamız için önemlidir.

Kendimi Nasıl Koruyabilirim?

Ruhumuzu ve bedenimizi sıkıntılardan korumak bizim asli görevlerimizden biridir. Bu konuda ne kadar istekli isek başarı oranımız o denli yüksek olacaktır.

Kaldı ki kimi zaman kendimizi sadece etrafa karşı değil kendimizden bile korumamız gerekebilir.

- Sıkıntılarla karşılaşmak müdahale edebileceğimiz bir durum olmasa dahi onları aklımızdan ne kadar çabuk attığımız tamamen bize bağlı bir konudur. Sıkıntılarımızı içimizden atmaya ne denli istekli isek kendimizi koruma gücümüz de o denli yüksek demektir.
- Kendimizi koruyabilmek için öncelikle bunu yapacağımıza dair kendimize söz vermemiz gerekecektir. Verdiğimiz bu sözü unutmayarak ona göre bir davranış tarzı benimsemekse bundan sonraki aşama olacaktır.

Başlarda uygulanması zor görünse de imkan dahilinde olduğunu ve başka insanlar tarafından başarıldığını bilerek yolumuza devam etmeye istekli olmamız gerekecektir.

Kopmak Yerine Uzak Durmak Seçeneğini Kullanalım

Kırıldığınızı hissettiğiniz insanlarla bir anda kopmak yerine, görüşmelerinize mümkünse bir süre ara vermek akıllıca olacaktır. Bu durum ilişkilerin yıpranmasını ve kötüye gitmesini önler. Ara vermeniz olanak dışı olup kırıldığınız insanı her gün görmek durumunda kalabilirsiniz. Böyle bir durum yaşıyorsanız ilgili kişiye mesafeli davranmak sizi kurtaracaktır. Burada püf noktası hatalı tepki vermekten kaçınmaktır.

Düşüncelerimizi Yönlendirmeyi Öğrenelim

Kimi zaman o kadar kırılırız ki yaşadıklarımız aklımızı ziyaret edip durur. Ziyaret tekrarı hızlandığında buna kapılmak yerine aklınızı farklı yerlere yönlendirme gayreti içine girin. Beynimize istememiz halinde kendimiz kumanda edebileceğimizin farkında olmak işimizi kolaylaştıracaktır. Üzüntü veya sevinç hislerine kendimizi kaptırmamızın kararı yalnızca bize aittir. Bunu bildiğimiz halde aklımızı olumsuz olanla meşgul etmek kendimize gereksiz işkence etmekten başka bir şeye yaramaz. Aklımızın efendisi olduğumuzun bilinci ile olumlu olan düşünceleri tercih etmek moralimizi de yüksek tutacaktır.

Hobi Edinelim

Özellikle hassas ve kırılgan bir yapıya sahipsek kendimizi olumsuzluklardan uzaklaştırmak adına bir hobi edinmek mantıklı olacaktır. Herhangi bir konuda fazla yetenekli olmamız gerekmez. Kimi zaman içimizdekileri kâğıda dökmek bile rahatlamamızı sağlayacak bir eylemdir.

İnsanın kendisini kötü hissetmeye başladığı zamanlarda hobilerine yönelmesi zihninin rahatlamasına ve sonrasında da yolunu daha kolay bulmasına yardımcı olur.

Hüzün Kutusu Olmaya Son!

Hoşlanmadığımız konuları beynimizin bir köşesine itip orada hüzünlerimizi biriktirmek de doğru değildir.

Sorunları, olumsuzlukları mantıklı olarak düşünebileceğimize inandığımız ana kadar ertelemek en doğrusudur.

Problemin ilk anda üzerine gitmek genelde yanlış yönlenmemize neden olacaktır. Kırgınlıkların üzerinden belli bir zaman geçtikten sonra üzerinde düşünmek duruma daha sağlıklı ve tarafsız bir gözle bakmamıza yardımcı olacaktır.

Rahatlatıcı Bir Deney Yapmaya Ne Dersiniz?

İlgili mantık çözümünü yaptıktan sonra şimdi sıra kendimizi daha rahat hissedebileceğimiz ufak bir deney yapmaya geldi demektir.

- Kimse tarafından rahatsız edilmeyeceğimiz sakin ve huzur bulduğumuz bir mekanda yalnız kalalım.

- Gözlerimizi kapatalım. Kendimizi hayal etmeye başlayalım.

- Enerjimizin parlak bir ışık şeklinde vücudumuzu sardığını bizi tüm dış tehlikelerden koruduğunu düşünelim. Bizi kaplayan ışığın tüm vücudumuzda dolaştığını ve bu eylem devam etikçe huzura doğru ilerlediğimizi hissedelim.

- Bir süre sonra rahatlamaya ve gevşemeye başladığınızı fark edeceksiniz. Genelde beş dakikalık bir süre bu eylem için yeterli olacaktır. Ancak süre saptamaları için alarm kurmaktan özellikle kaçınalım. Terapinin başarılı olması için dikkat etmemiz gereken en önemli noktalardan bir tanesi aniden irkilmemek ve dış etkenler nedeni ile kesintiye uğramamaktır.

Bu kimseyi rahatsız etmeden yapılan ufak bir deney olup, huzura ve bağışlamaya ihtiyacınız olduğunu düşündüğünüz anlarda tekrar etmeniz size olumsuzlukların üstesinden gelme gücünü verecektir.

RUHUMU TAMİR EDİYORUM

Ruhumuz iyi bakılıp özen gösterildikçe büyüyerek pırıl, pırıl parlayan, etrafına ışık saçan bir çiçek gibidir. Bu nazlı çiçek ihmal edilir ve gereken özen gösterilmezse ne yazık ki bize yabancılaşır.

İlk kez tanışıp kucağımıza aldığımız bir bebek ağlamaya başladığında, onu nasıl susturacağımızı bilemez, bunun için aklımıza gelen her yolu denemek durumunda kalırız. Oysa bu tanıdığımız her gün gördüğümüz ve üzerinde kafa yorup vakit ayırdığımız bir bebek ise işimiz kesinlikle daha kolaydır.

Ortada olağanüstü bir durum yoksa huyuna suyuna aşina olduğumuz bu bebeğin nasıl hoş tutulacağını ve nelerden mutlu olduğunu gayet iyi bildiğimizden, bunları uygular, bebeğin ağlayarak hem kendini hem de bizi üzüp perişan etmesini önlemiş oluruz.

O halde nazlı bir bebek veya çiçek olarak tanımladığımız ruhumuzla asla bir yabancı gibi kalmamamız gerekecektir. Ancak başlamadan evvel yapmak istediğim ufak bir hatırlatma var. Önerim evvelce verdiğim 'Kendinle Olma Terapisini' uygulamanız olacaktır. Bunu yapmak daha olumlu bir sonuç almamıza yardımcı olacaktır.

Uygulamalarımızın birer ders değil, huzura giden yolda atılan sağlıklı birer adım olduğunu unutmayalım.

Şimdi gelin tüm hayatımızda bizimle beraber olacak bu değerli dostumuza yardımcı olalım. Onun aksadığına inandığımız yönlerini nasıl tamir edebileceğimize şöyle bir bakalım.

- Ruhumuzla düzenli olarak, günlük on beş dakikalık buluşmalarımıza devam edelim. Elbette bunu aralıksız her gün tekrar etmek zor hatta kimilerimiz için imkansız olabilir. Ancak haftada en az bir kaç gün kendimizle ve ruhumuzla baş başa kalmaya özen gösterelim.

Bunu onu daima yakından tanımak, değişimlerinden haberdar olmak adına yapalım. On beş dakikamızı yine özellikle ruhumuzun motivasyona ihtiyacı olduğu durumlarda başka hiçbir şey düşünmeden sadece onu mutlu etmeye ayırmamızda kesinlikle bir sakınca yoktur. İhtiyacımız olan motivasyonsa kendimizi bulana, kendimizle bir bütün olana dek çalışmamızı sürdürmek faydalı olacaktır.

Moraliniz Yerindeyse Çözüm Üretmeye Hazırsınız Demektir

Motivasyonumuzun tam olduğuna inandığımız ve kendimizi iyi hissettiğimiz zamanlarda ise, bu süreyi engellerimize çözüm stratejileri üretmek için kullanmak akıllıca olacaktır.

- Hatırlarsanız 'Kendinle Olma Terapisi'nde biz kendimiz kaynaklı engellerimizi tespit etmiş ve bunları bir köşeye kaydetmiştik. Dolayısıyla şu anda içimizde neyin ne olduğunu biliyoruz.

Kendimizin koyduğu engellerinse, diğer insanların koymuş oldukları engellerden daha tehlikeli olduğunu çünkü burada kazananı kendimizin belirleyeceğini ancak öncelikle bunu gerçekten istememiz gerektiğinden söz etmiştim.

- Kendimize koyduğumuz engelleri yine kendimiz çalışarak aşabiliriz. Engeller birden fazla olabilir, aşılması zor veya kolay olabilir. Sonuç değişmez. Bunları düşünerek vakit harcamak yerine elimizdeki zamanı engellerimizi nasıl aşacağımızı düşünmek üzerine harcamak daha akıllıca olacaktır.

Kararlı Olalım Engelleri Saptayalım

- Yapmamız gereken, kararlı olmak, korkuya kapılmadan bize engel teşkil ettiğini düşündüğümüz bulgularımızı somut bir şekilde kağıda dökmektir. Bundan sonraki aşama ise çözüm yollarını saptamak olacaktır.

- Tespit edip kaydettiğimiz sorunlar içerisinde, kendimize göre bir önem sıralaması yapmamız gerekecektir.

Kolaydan Zora Doğru Yelken Açalım

- Sorunlarımızı çözmek üzere sıralamalarını yaparken daima kolaydan zora doğru gidelim. Kolay sorunun çözümünden başladığımızda başarıya giden süreç daha hızlı olacaktır. Kazandığımız her küçük zafer ise bir sonraki sorunun üzerine daha büyük bir cesaretle gitmemize yardımcı olacaktır.

Zor olanı en başa aldığımızda ise her ne kadar çözümü mümkün olsa da yaşadığımız en ufak bir gecikmede moralimiz bozulacaktır.

Deneme Yapmaktan Yılmayalım

Her sorunumuzu bir defada ve ilk denemede çözeceğiz diye bir kural yoktur. İlerleyen aşamalarda bazı sorunların birkaç denemede çözülemediğini de tanık olabiliriz. Böyle zamanlarda engeller karşısında kendimizi incitmeden, yorup, suçlamadan bir başka soruna geçip, bu sorunu farklı bir zamana bırakmak rahatlamamıza yardımcı olacaktır.

Kendimizi yıpratmak yerine cevabın gelip bizi bir şekilde bulacağına dair inancımızı kaybetmeyelim.

Çözdüğümüz her sorunun üzerini keyifle çizerek kendimizi kutlamayı ve ufak da olsa bir ödülle memnun etmeyi unutmayalım. Başarı tamamen bize aittir.

Ortam Ve İlişki Analizi Yapalım

Ruhumuzu tamir aşamasında bize olumlu etkide bulunacak ve dikkat etmemiz gereken önemli unsurlardan biri de, içinde bulunmak durumunda olduğumuz ortamları (iş, okul, aile) ve bu ortamları oluşturan insanlarla olan ilişkilerimizi iyi incelemektir.

İletişimde bulunduğumuz insanlar arasında bize olumsuz yönde etkide bulunduklarına inandığımız kişiler olabilir.

Bunları tespit etmek ve onlarla olan iletişim aşamalarımızı yeniden gözden geçirmek sürecin tamamlanmasında yararımıza olacaktır.

Tamir süreci içinde olumsuz elektrik aldığımız insanlardan uzak durmak enerjimizin olumsuz yönde etkilenmesini önleyecektir. Öte yandan tamir sürecimizin hızının artmasını sağlayacaktır.

Bu anlamda özellikle yakınlarımız ile olan ilişkilerimizi tarafsız değerlendirmemiz lehimize olacaktır. Ne kadar iyi niyetli olurlarsa olsunlar, en yakınlarımız dahi bize kimi zaman olumsuz duygular yaşatabilir.

Son derece olağan ve sık rastlanan bu durum onları iyi tanımamamızdan kaynaklanmaktadır. Olaylar karşısında verebilecekleri tepkileri iyi bildiğimizden vücut dillerine alışkınızdır.

Bu nedenle de en kuvvetli iyi veya kötü etkileşimi de yine onlardan alırız.

En mantıklı hareket ise hiç olmazsa tamir sürecinde onların vücut dillerini okumayı bir kenara bırakmaktır. Bize olumsuz şeyler söylediklerini düşündüğümüz anlarda bile onları gülümseyerek karşılamaya özen göstermemiz rahatlamamıza yardımcı olacaktır.

Hepimizin değişken durumlara göre yolumuzu kendimiz bulmamız gerekecektir. Ancak olumsuzluk verebilecek ve ruhumuzu acıtabilecek duygulardan uzak durmak onun güçlenmesini sağlayacaktır. .

Bize En İyi BİZ Yardım Ederiz

Terapimizin son aşamasını da böylelikle beraberce tamamlamış olduk.

Gördüğünüz gibi her aşamada, biz yaptık, biz inceledik, biz karar aldık. Çünkü ruhumuzla ilgili olaylarda konu her zaman döner dolaşır ve bize dayanır.

Sorunu çözebilmemiz ise ruhumuzu ne kadar iyi tanıdığımız ve onu ne kadar iyi motive ettiğimizle ilgilidir.

Ruhumuzun bize ait olduğunu, ne denli kuvvetli olduğumuzu düşünürsek düşünelim yine de onun hassas bir yapısı olduğunu, onu en fazla yine kendimizin mutlu veya mutsuz edebileceğimizi unutmayalım.

Biz ve bizim olaylara bakış açımız... Anahtar işte tam da burada.

RUHU ARINDIRMA TERAPİSİ 'RA TERAPİ'

Ruhumuz hayatımız boyunca yanımızdan ayrılmayacak yegane dostumuzdur. Bedenimizin içine hapsolup yaşamaya devam ederken ona gerekli ilgiyi gösterebilecek olan da sadece biziz.

Hayat devam edip günler geçerken güzel ve iyinin yanında, istenmedik durumların da yaşanılması kaçınılmazdır. O da bizimle beraber yaşadığımız her ana tanık olur.

Günlük hayatın karmaşası içerisinde ikili insan ilişkilerimizde bazen insanlar bizi, bazen de biz onları kırabiliriz. Her ne kadar istemesek de tatsız olaylar yaşayabilir hatta kimi zaman hata da yapabiliriz.

Bazen olanların üzerinde durmaz, yaptığımızı veya bize yapılanı hata olarak görmezken, kimi zaman içimize kapanır, karşılaştığımız her şeyi olduğundan daha fazla büyütürüz.

İçimize kapanmak ve kendimizi suçlamak, ruhumuzu zayıflatıp enerjimizi çalacağı gibi hayatı da çözümsüz bir karmaşa haline getirmekten öteye gitmeyecektir.

Ruhumuzu Besleyelim

Ruhumuz beslenmedikçe kimi zaman öyle zayıf düşer ki; mutsuzluk veya suçluluk hissi gelip onu beklenmedik bir anda esir alabilir. Zayıflığımızın ve esaretimizinse ne kadar süreceğini kestirmek olumlu olana yönelmedikçe hiçbir zaman mümkün değildir.

Zayıf düştüğü dönemlerde bulunduğu yerden çıkma imkânı olmayan bu sevgili dostumuz kıvransa da elinden bir şey gelmez. Ya olan olmuştur veya olanlara yapacak bir şeyi olmadığını düşünmektedir.

Peki, böyle zamanlarda onu biraz rahatlatıp, moral vermeye ve bir süre için de olsa özgür bırakıp suçluluk hissinden arınmasına yardımcı olmaya ne dersiniz?

RA Terapiyi Neden Uyguluyoruz?

Terapi aşamalarına geçmeden evvel bunu neden uygulamamız gerektiğine şöyle bir bakalım. İnsan durumla ilgili ne kadar ikna olmuşsa olumsuzluktan kurtulma isteği de o denli yüksek olacaktır.

- Bildiğiniz gibi zihnimiz bir olaya kilitlenmişken, neşemiz olmaz. İyi olanı görme ve analiz etme yeteneğimiz kısıtlanır. Kötü olan ne varsa sanki daha kötüymüş gibi gözümüzde büyür. Hayatımız devam ediyorsa kaçınılmaz olarak verimli olmaya ve bunu başarmak içinde iyi bir morale ihtiyacımız vardır.

- Zihnimizi yıkıcı ve gereksiz problemlerle oyalamak yerine çözümüne yönelik çalışmalar yapmak en önemli hedeflerimizden birisi olmalıdır. Kimi zaman zihnimizi sadece alınmış kötü sonuçlara odaklamakla o denli yoğun oluruz ki; çözüme yönelik bir çıkış yolu varsa bile yoğunluğumuz nedeni ile bunu gözden kaçırırız.

- Her şey bir yana hayalimizde bile olsa ruhumuza ufak ve onu rahatlatacak bir tur yaptırmak moralimizi yükseltecek ve bize hiçbir zararı olmayacaktır.

Gördüğünüz gibi sebeplerimiz farklı olsa da sonuç yine aynı yere dayanmaktadır.

Odağımız her zaman için ruhumuza huzur vermek ve bu sayede hayatımızı yaşanılır, mutlu ve verimli kılmaktır.

Neden yapıyoruz kısmını bitirdikten sonra yapmamız gerekenlere bakmaya hazır hale gelmişiz demektir.

RA Terapi Hazırlık Aşaması

Diğer terapilerden farklı olarak bu kez kendimizi ve vücudumuzu önceden hazırlamak gerektiğinden RA Terapi kararını belli bir süre evvel vermek gerektiğini rahatlıkla söyleyebilirim.

Karar anı için tavsiye edebileceğim en uygun zaman ise yeni uyanılan sabah saatleridir. Neden böyle olduğunu hazırlık aşaması ilerlerken göreceksiniz.

Kendimizi RA Terapiye hazırlarken yaptığımız ön çalışmalarda dikkat etmemiz gereken birkaç ufak nokta ise şöyle sıralanabilir.

Zararlı Alışkanlıklara Ara Verelim

Karar verip uygulamaya geçtiğinizi kendinize beyan ettiğiniz andan itibaren sigara, çay, kahve gibi maddelerin tüketimini durdurmanız gerekecektir.

Kimilerimiz için bu oldukça zorlayıcı bir unsurdur. Dolayısıyla aranızda 'Ben kendimi tutamam!' diyenlerin çıkabileceğini göz önünde bulundurmak gerekecek. Bu durumdaki okurlarıma önerim; bu ve benzeri maddelerin kullanımını hiç olmazsa en aza indirmeyi denemeleridir.

Tüketim ne kadar az olursa vücudumuz o denli az yük altına girmiş olur. Öte yandan irademizi sınırladığımız için kendimizi daha mutlu hissetme olanağımız olur. Zararlı madde tüketimi ne kadar azalırsa başlangıç hazırlığının başarısı da o denli yüksek olacaktır.

En Acil Çözüm İsteyen Soruna Yoğunlaşalım

Kafamızın içinde bizi kaygılandıran, rahatsız eden, çözüme kavuşturmamız gereken bir veya bir kaç konu olabilir.

Yapmamız gereken içlerinden bizim için en acil çözüme kavuşturulmayı bekleyen sorunumuzu seçmek olacaktır. Bugün akşam terapimizde bunun üzerinde düşüneceğiz. Sorunumuzu saptadıktan sonra yapmamız gereken gün boyu bu fikirden uzak kalmaktır.

Huzur Veren Yiyecekler

Başlangıç gününde yediklerimize de ayrı bir özen göstermemiz gerekecektir. Önerim sebze ve meyve ağırlıklı beslenilmesi, süt ve süt türevlerinin de (peynir, yoğurt, kefir) ihmal edilmemesidir.

Ön hazırlık aşamasında et ve özellikle kırmızı et tüketiminin vücudu hantallaştıracağı düşüncesi ile durdurulması yerinde bir davranış olacaktır. Bitkisel kaynaklı bile olsa fazla yağlı olmayan gıdalara ağırlık verilmesi uygundur.

Olumlu Olmaya Özen Gösterelim

Takip eden saatlerde gün boyunca aklımızı farkında ve açık tutmaya özen gösterelim. Konuşmalarımızda olumlu kelimeler kullanalım. Etrafımızdakilere kötü bir söz etmemeye gayret edelim. Öte yandan herhangi kötü bir söylem veya olayı düşüncelerimize dahi almamak içinde elimizden geleni yapalım. Başlangıçta kolay olmasa da karar verip uyguladığınızda her zamanki gibi gerisi gelecektir.

Kendimizle Buluşalım

15 dakikalık bir zaman dilimini kendimizle yalnız kalmak üzere ayıralım. Bu süreyi hiç bir şey düşünmeden geçirmeye çalışalım. Bizi ziyaret eden düşüncelerin, geldikleri gibi akıp gitmelerine izin vermek üzere kullanalım. Bırakın, kafanıza gelen düşünceler, geldikleri gibi gitsinler. Onları tutmayın, üzerinde durup aklınıza çağırmayın. Gelsinler ve bırakın yine özgürce gitsinler.

Bunu yaparken bir objeye bakmayı ve bir mantra kullanmayı tercih edebilirsiniz. Bu bağlamda önerim; bir çiçeğe bakıp Tanrının adını tekrar etmeniz olacaktır.

Yer ve Renk Seçimi

- Evin içini gezerek, terapinizi yapmaktan hoşnut kalacağınız kendinizi huzurlu hissettiğiniz en uygun yeri bulmaya çalışın. Koyu renklerin olmadığı, koku, gürültü riski olmayan bir yer bulmamız en doğru seçim olacaktır.

Terapinizi yaparken oturabilir veya uzanabilirsiniz. Tercih tamamen size aittir. Dolayısıyla isterseniz salonda bulunan bir koltukta veya odanızdaki yatağınızı da kullanabilirsiniz.

- Mekân seçimine karar verdikten sonra dikkat etmeniz gereken, bulunduğunuz yerde ağırlıklı pembe, mavi ve yeşil pastel renklerin hakim olmasıdır.

Kırmızı, kahverengi, siyah veya örneğin koyu mavi, çingene pembesi gibi ağır renklerden özellikle kaçınmamız gerekir. Hiç bir şekilde açık ve pastel renkleri bulamıyorsak o zaman pastel tonlarda bir çarşaf kullanıp, oturacağımız veya uzanacağımız yere bunu serebiliriz.

Bu yaptıklarımızın tamamı ön hazırlığın birer parçasıydı.

Vücut ve ruh temizliğini beraber yapmamız gerektiğinden akşam olduğunda saçlarımızda dâhil olmak üzere güzel bir banyo alalım. Banyo esnasında yine aklımızın temizliğine sadık kalmaya dikkat ederek ağır kokulu parfüm veya sabunlar kullanmaktan kaçınalım.

RA Terapi Başlıyor

Vücut temizliğimizi tamamladığımıza karar verdikten sonra duşun altından çıkmayalım. Suyun üzerimizden akmaya devam etmesine izin verelim.

Akan her damlanın su değil beyaz ve parlak bir ışık yağmuru olduğunu, bu ışığın tüm vücudumuzu kapladığını hayal edelim. Düşünmeye devam ettikçe içinizin rahatladığını ve kendinizi daha iyi hissettiğinizi göreceksiniz.

Kendinizi tam olarak rahatlamış hissedene dek bu işlemi sürdürmek faydalı olacaktır. Su derecesinin nasıl ayarlanacağı tamamen sizin keyfinize kalmıştır. Ancak çok sıcak olması durumunda daha çabuk uykuya geçeceğinizden önerim ılık su kullanmanız olacaktır.

Banyodaki 'Işık yağmuru seansı' ile ise terapimizin birinci aşamasını tamamlamış olduk.

Şimdi kendimiz için seçtiğimiz yere giderek ikinci aşamaya geçmek üzere hazırlanalım.

- Oturalım veya uzanalım fark etmez ancak her iki eylemi de uyumamıza engel olacak şekilde yapalım.

- Gözlerimizi kapatalım, içimizde bulunan ruhumuzun farkına varalım.

- Önümüzde beyaz bir ışıkla donatılmış çakıl taşlı bir yol olduğunu düşünelim.

- Ruhumuzun yavaşça dışarı çıkıp bu yolda yürümeye başladığını hayal edelim. Hatta bu arada çakıl taşlarının ayağımızın altında gıcırdadığını bile duyumsamayı ihmal etmeyelim.

- Gözümüzü yolun sonuna dikelim. Orada bir pınar olduğunu düşünelim. Amacımız bizi yolun sonunda bekleyen o pınara varmaktır.

- İçinden huzur ve mutluluk akan bu pınara vardığımızda, kana, kana içelim, yüzümüzü ve kendimizi bu su ile yıkayalım. Özellikle başımızı yıkadığımızı hayal etmek bu anlamda bizi rahatlatacaktır. Olumlu olumsuz ne varsa aklımıza doluştuğundan rahatlatmamız gereken bölge öncelikle burasıdır.

Bu eylemi kendimizi tam olarak rahat hissettiğimiz ana dek sürdürelim. Gevşeyip rahatladığımızı anladığımız an ise pınardan geri dönüş yoluna geçelim.

Rahatlamamız nedeni ile Tanrıya ve evrene şükranlarımızı sunmayı ihmal etmeyelim.

Bu işlem de tamamlanınca bir sonraki aşamaya geçmeye hazırız demektir. Şu anda kaygılarımız ile yüzleşmeye ve onlara çözüm üretmeye başlayabiliriz. Aklımıza takılan sorunumuzu açık bir zihinle enine boyuna düşünelim.

Her ne kadar bu aşamada herkesin kendi yolunu kendisinin bulması gerekiyorsa da başlangıcı kolaylaştırmak adına bir dizi soru örneği vermeyi gerekli görüyorum.

Kendimize Soru Sormaktan Korkmayalım!

- Kafamıza takılan şeyin gerçekte bir sorun mudur yoksa biz mi büyütmekteyiz?

- Sorun kimden kaynaklanmaktadır. Benden mi yoksa benim dışımda ikinci bir şahıstan mı?.

- Çözüm için neler yapabilirim?

- Sorun sadece benden kaynaklanmıyorsa çözüm için karşımdaki insandan neler talep edebilirim?

- Olaya müdahale etmem gerekli mi yoksa zamana mı bırakmalıyım.

- Müdahale etmem durumunda bundan zarar görebilecek sevdiklerim var mıdır?

Sorulan tüm bu soruları sakin bir zihin ve şımartılmış bir ruh ile cevaplamak daha kolay olacaktır.

Acele etmeden konuyu masaya yatırıp enine, boyuna irdelemek içinse fırsatımız olduğunu düşünüyorum. Herhangi bir karar alamıyorsak da yine acele etmeden bu kez kendimizi huzurlu bir uykunun kollarına bırakalım.

Kafamızda bunların olmasında hiç bir sakınca yok. Ruhumuzu o kadar güzel besledik ve şımarttık ki şimdi sıranın kendisine geldiğini bilmektedir. Bu bilinçle uyurken de olsa görevini yerine getirmeye çalışacak ve bizim için çözüm üretmek adına elinden geleni yapacaktır.

Sabah uyandığınız ve konunun aklınıza geldiği ilk anda muhtemelen sorularınızın cevapları birer, birer kafanızın içerisine akacaktır.

Bunlar net çözümler olarak görünmese bile ilk anda aklınıza gelenleri mutlaka bir yere yazmanızı öneririm.

O anda değilse bile üzerinden biraz zaman geçip tekrar baktığınızda en azından takip edeceğiniz bir yol bulacağınıza emin olabilirsiniz.

Elbette kimi zaman kendimize tüm bu soruları sakin olduğumuz bir zamanda sorabilir ve beklediğimiz cevapları da alabiliriz.

Her durumda sağlıklı kararlar alabilmek için öncelikle rahatlamış bir ruh ve bedene sahip olmamız gerektiğini unutmamamız gerekecektir. Bu sayede sorunlarımızı kendi canımızı acıtmadan çözmemiz mümkün olacaktır.

ZİHİN ESTETİĞİ

İnsanlar güzel veya olduğundan daha güzel görünmek, bunun sonucunda da mutluluk duygusunu daha derinden hissetmek için estetik ameliyat olarak, burunlarını, yüzlerini veya vücutlarının bazı bölümlerini değiştirirler.

Her ne kadar kişinin sadece kendisini ilgilendirse de bu kısa veya kolay bir süreç değildir. Saptamalar ve programlar yapılır, hastaneye yatılır ve sonunda büyük gün gelir çatar. Genellikle acılı bir ameliyat ve ameliyatın durumuna göre bir veya birkaç günü bu yolda harcamak suretiyle estetiklenmiş güzellikleri eşliğinde hastaneyi terk ederler.

Bu kadar sıkıntının neden çekildiğine bakılacak olursa sonuç hep aynı kapıya çıkar...

Daha mutlu olmak!

Evet! Biz insanların yaşam içerisinde fark etmeden uğruna ter döktüğümüz hep bir tek nokta vardır. O da nasıl daha mutlu olacağımızdır.

Size tavsiye edeceğim ise; ruhsal anlamda aynı yolu takip eden, fiziksel herhangi bir acı vermeyen, sonucu mutluluk verici, olumlu ve dayanması son derece basit olan 'Zihinsel Estetik'

Bu sayede zihnimizin işe yaramayan yerlerini bizi zorlayan bazen sinirden köpürten, mutsuz eden olumsuz kısımlarını atıp, açılan boşlukları hayatımızda olumlu ve güzel olan ne varsa onlarla doldurmak.

Zihnimiz tıpkı bir bilgisayar gibidir. Yıllar boyunca üst üste gelen öğrenilmişlikler, acı veya tatlı olaylar, mutsuz veya mutlu edici düşünceler aslında hep oradadır.

Bunları unuttuğumuzu düşünsek de aslında biz onlara özgürlüklerini verene dek hep zihnimizin içinde bir yerlerde kalır ve bazen gereksiz yer ve zamanlarda ortaya çıkarak bizi yıpratırlar.

Nasıl ki bilgisayarın kimi zaman formatlanması, eskiyen işe yaramayan veya virüs saçan dosyalarının atılması gerekirse biz de zihnimizdeki olumsuzlukları gereksiz yere barındırmamak için önlem almalı bu konuda kendimize yardımcı olmalıyız.

Gelin bugün zihnimize estetik yapmayı deneyelim ve onun şeklini değiştirmeden içeriğini nasıl değiştirebileceğimize bakalım.

Zihnimizi Sıkı Takibe Alalım

- Zihnimizi sıkı bir inceleme altına alalım. Çocukluğumuzdan bugüne dek yaptıklarımızı şöyle bir gözden geçirelim.

- Unutmadan bir konuyu önemle vurgulamalıyım. Geçmişe döndüğümüzde olayları irdelerken dikkati elden bırakmayalım. Kendimizi incitmeden, acabalar ile vakit kaybetmeden ve keşkelere takılmadan ilerlemeye önem verelim.

Ne yapıp ne yapamamışsak geçti ve bitti. Biz şimdi bu yaptıklarımızın veya bize yapılanların hangisinden memnun veya mutsuzsak bunları saptayalım ki üzülüp vakit kaybetmek yerine önümüze bakıp düzeltme şansı bulabilelim.

Kendimizle ilgili beğendiğimiz duygularımızı olduğu yerde bırakalım. Bu duygularımızın yaşadığımız sürece bizimle kalmaya hakları var, çünkü onlar sevgili ruhumuzu olumlu yönde beslemeyi sürdüreceklerdir.

Bunun ayırımına iyice vardıktan ve saptamalarımızı yaptıktan sonra diğer aşamaya geçmeye sıra gelmiş demektir.

Zihnimizi Ameliyata Hazırlayalım

Kendimiz veya başkaları kaynaklı olan, uzun yıllardan bu yana zihnimizin içine yerleşip kök salmış bu virüsleri tespit etmek aşaması pek kolay değildir.

Onlarla yaşamaya alıştığımız için onları kanıksamış olma riskimiz de yüksek olabilir.

Ancak size yanlış geleni, zarar verip mutsuz eden ögeleri tespit edip atmaya niyetiniz olduktan sonra korkmayın. Zor olan başarılmış demektir.

Burada bize güç verecek olan unsur, zihnimizin yönetiminin bize ait olduğunun farkındalığına sahip olmamızdır. Söz konusu olan; hâkimiyeti sadece bizde bulunan gizli bir krallık.

Onu kimse göremez, duyamaz ve bizim dışımızda kimse yönetemez.

Ancak biz istersek dışarıdan yönetilmeyi kabul eder ve buna izin veririz. Hiç kimse kafamızın içine biz istemediğimiz sürece hâkim olmak keyfine sahip değildir.

Bu kısmı sindirdiğimiz anda ameliyata hazırız demektir. O zaman işbaşına sevgili dostlar.

Zihnimizde Bahar Temizliği Yapalım

Zihnimiz bize aittir, ne istersek onu yaparız ve içindeki kötü fikirleri temizlemek istiyoruz demiştik.

İşte bunun zamanı geldi!

Dilerseniz bunu bir ritüelle gerçekleştirelim ki içinden geçtiğimiz aşamaları daha kuvvetli ve kalıcı kılsın.

- Bu ritüeli gerçekleştirmek için önce akar bir su bulmamız gerekecektir.

Akan suyun içinde mikrop barındırmayacağını evvelce de paylaşmıştım. Dolayısıyla bu eylemimizi, bir dere, deniz kenarı veya hiç bir şey bulamıyorsak da akan bir musluğun başında gerçekleştirelim.

- Mümkünse zihnimizin dağılmaması için yalnız olmamızda büyük fayda var. Canımızın istediğini düşünebilirsek de canımızın istediği zaman yalnız kalamayabiliriz.

Dilediğimiz zaman yalnız kalamıyorsak bunun çaresini de bulmak bize düşecektir. O halde ritüelimizi birden fazla kereler yaparak buna bir çözüm getirmemiz mümkün olabilir.

- Zihnimizde bizi en çok rahatsız eden düşünceleri saptayalım.

- Yalnız kaldığımızda ise önceden saptamasını yaptığımız, bize göre kötü olan ne varsa tekrar onları düşünelim.

- Zihnimizdeki bu düşüncelerin birer dalga halinde çıktığını ve akan suya karıştığını hayal edelim.

Dalgalar halinde onları kafamızdan çıkarıp, akan suyun içerisine yavaşça gönderelim. Tek tek, ardı ardına, yavaşça içimizde yıllardan bu yana biriktirdiğimiz ne varsa, kötü anılar, bize yapıldığına inandığımız haksızlıklar, mutsuzluklar, rahatsız edici görüntüler, göndermek istediğimiz her ne varsa yavaşça, telaşsız ve sükûnetle onlardan kurtulalım.

Bu aşmamada aceleci davranmamıza hiç gerek yoktur. Yıllarca beraber yaşadığımız bu düşüncelerden kurtulmaya niyet etmiş bulunmaktayız. Bir gün sonra veya bir saat evvel bizi terk etmiş olmaları çok büyük bir fark yaratmayacaktır.

- Tüm kötü düşünceler için aynı ritüeli tekrarlayalım. Zihnimizin arındığına inandığımız anda da bir sonraki aşamaya geçelim.

Baharın Zihnimizin İçine Dolmasına İzin Verelim

Bahar herkes için özel bir mevsimdir. Ağaçların dallarında, çiçeklerde, kuşlarda, gözümüzün görebildiği her yerde bir tazelenme ve bereket havası yaratır.

Her mevsimden şikâyet eden Hoca Nasreddin bile bahara diyecek bir laf bulamamış. Bizde tıpkı bir bilgisayarın virüslerden kurtarılıp yeniden formatlanmasına benzer bir çeşit bahar temizliği yaparak zihnimizi hazırladık.

Şimdi yapmamız gereken baharın zihnimizden içeri girmesine olanak vermektir.

Hatırlarsanız zihnimizi inceleme altına aldığımız aşamada hoşumuza giden fikirleri bir kenara ayırmış ve bunlara hep ihtiyacımız olacağını söylemiştik.

İsterseniz onları bir kez daha düşünerek öncelikle berrak zihnimize güzel bir başlangıç verelim ve baharın sadece dışarıda kalmasına izin vermeyip mevsimin güzelliğinden bizde payımızı alalım.

Bunu yaparken kafamızın içerisinde baharın renklerinde, yeşil, pembe, mavi, turuncu, kırmızı çiçeklerin özgürce açıldığını hayal edelim.

Çiçekleri aklımızdan geçirir renklerini düşünürken, özellikle üzerinde durmamız gereken, kafamızın içinden aktıklarında hangi rengin bize en fazla huzuru çağrıştırdığına dikkat etmek olacaktır.

Hangi rengi hayal ederken ruhunuzun daha çok huzuru bulduğuna inanıyorsanız, o rengin ağırlıklı olduğu çiçekleri hayal etmeniz sizin açınızdan daha olumlu sonuç verecektir.

Mümkünse bunu çiçeklerin bol olduğu bir mekanda yapmamız, olayı bizim açımızdan elle tutulur, gözle görülür bir hale getirecektir. Eğer bu mümkün değilse çareler tükenmez, aynı işlemi birkaç taze çiçek veya yeşil yapraklarla bezenmiş bir dala bakarak da gerçekleştirebiliriz. Bize baharı anlatsın yeter.

Harcadığımız bunca emek sonrasında biz kendi hakimiyetimizde olan bu bölgeye, bundan böyle bizi yoran veya bize zarar verebilecek hiçbir şeyi almayacağız. Acabalar, keşkeler, kırgınlıklar, kızgınlıklar ya da sonuçsuz varsayımlar ile uğraşmayacağız.

Bunların tümünü geride bırakmaya karar verdik.

Olurda yeniden birileri ya da bir takım olaylar bizim negatif yönde etkilenmemize sebebiyet verdiğinde bu gibi duyguların içimizde fazlaca barınmasına olanak tanımayacağız.

İnsanlara hissettiğimiz negatif duygular, etkilendiğimiz kötü hareketler, her şey ama her şey artık zihnimizin dışında kalmalı.

Kendimizi bu tür olumsuzluklardan korumak için ihtiyacımız olduğunu hissettiğimiz anda ritüelimizi tekrarlayarak olumsuzlukları dalgalar halinde suya göndermeye devam edeceğiz.

Hiçbir şey kolay değildir. Başarmak istediğimiz ne varsa karar vermemiz yolun yarısını baştan kazanmamıza yardımcı olacaktır.

ZİHİN ORUCU

Aklımız da tıpkı bedenimiz gibi bize aittir. Kendimize hâkim olup önümüze gelen her şeyi yemeyip nefsimizi terbiye ederken, aklımızdan geçen düşünceler üzerinde de hâkimiyet kurabilmeyi öğrenmemiz mümkündür.

Enerji konusu ile ilgilenenler, pozitif enerjinin ve dolayısıyla hayat içerisindeki olumlu katkısının nasıl ve ne şekilde çoğaltılabileceğinin bilincindedirler.

Bugüne dek konu ile ilgilenmemiş kişiler olabileceğini de göz önünde tutarak, okunanların daha anlamlı olabilmesi için kısa bir özet vermek gerekir diye düşünüyorum.

Aklımız, düşüncelerimiz, kafamızın içerisinde uçuşan her ne varsa, tıpkı söylediğimiz sözler ve davranışlarımız gibi hayatımıza olumlu veya olumsuz yön verirler.

Olumlu olan unsurları düşünüp, olayları zihnimizde evirip çevirirken, olumlu bakmayı ve olumlu sonuçlar umut etmeyi sürdürürsek, kısa bir zaman içerisinde hayatımız bundan etkilenecektir.

Gül Bahçesi Bir Günde Yaratılmaz

Bir anda taş ve toprak dolu bahçelerden atlayıp bir gül bahçesine dalıvermemiz elbette mümkün değildir. Gül bahçesine ulaşmak için zaman ve emek harcamak gerekir.

Kaldı ki, güllerinde dikenleri olduğunu unutmamalıyız.

Öte yandan edindiğimiz olumlu bakış açısı ve düşünce tarzı bize huzurlu olmak ödülünü verecektir. Bu huzurla motive olduğumuzda ise olayların görmediğimiz taraflarını görmeye başlarız. Korkulardan, endişelerden sıyrılmış bir insanın da daha objektif kararlar alma imkânı olacağı açıktır.

Düşüncelerimizin efendisi miyiz yoksa kölesi mi?

Herkesin aklının içerisinden gün boyu binlerce düşünce geçer. Konu bu düşüncelere hâkim veya esir durumunda olup olmadığımız ve onları nasıl kullandığımızdır.

Aklımıza takılan bizi huzursuz eden şu ya da bu fikirlere 'dur' diyebiliyor muyuz?

Yoksa önlem alamadığımızdan aklımızın içinden geçenler bizi canlarının istediği gibi rahatsız edip bizimle oynuyor mu?

Eğer kimi zaman kafanıza üşüşen olumsuz düşüncelerden rahatsızlık duyuyorsanız zihninizi terbiye etmenin zamanı gelmiş demektir.

Kalbimizi Yıkayalım

Zihin orucunda ilk adım aklı ve kalbi yıkamakla başlayacaktır. Ancak bu temizlik sabunlu sularla değil istemediğimiz şeyleri içimizden çıkarıp atmayı amaç edinmekle başlar.

Olabilecek en zor kısım ise başlangıca karar verebilmektir. Bir kere karar verdikten sonra ise her şey kendiliğinden gelişecektir.

O güne dek iyi şeylerin yanından, türlü yanlış, korkunç, çirkin, ne varsa aklımızın bir köşesine girip bilgi depolarımızı tıka basa doldurduğundan bunları çıkarıp atmak üzere harekete geçmekte belli bir zorlanma hissedilebilir. Bu aşamada durumun doğal olduğunu ve hemen herkes için aynı riskin söz konusu olduğunu unutmayalım.

Bilgi depolarımızın ise sonsuz olduğunu bilmek içinizi rahatlatacak bir diğer unsurdur.

O güne dek iyi kötü ne depolamış olursak olalım, aklımızda yeni ve güzel şeyler için daima yerimiz vardır. Depolarımızın sonsuz olduğunu düşünerek kendimizi olumsuzlukların akışından çekip çıkartmak kendimize yapabileceğimiz en büyük iyiliklerden birisi olacaktır.

Zihin ilginç olmak yanında değerli bir mekanizmadır. Gördüğü, tanık olduğu durumları bilgi haznesine atmakla kalmaz, onları yan yana getirir, ölçer, biçer ve kendisine tüm farklı olaylardan ayrı bir hayat dersi çıkartır.

Ona kumanda etmeyip, kendi haline bıraktığımız sürece depoladığı olumsuzluklar bizi etkileyerek, içimizdeki pozitif bakış açısının son kırıntılarını da beraberinde eritir ve mutsuz olmaya doğru adım, adım ilerleriz.

Karar verin... Gerisi kendiliğinden gelecektir

Niyet etmişsek bu kez zihnimiz bize yapmak istediğimizi yapabilmemiz için yardımcı olmaya başlayacaktır.

Zihnimiz bize yardımcı olmaya hazır hale gelmişse biz de ona gereken desteği vermek üzere harekete geçebiliriz. Bu desteği vermek için de aşağıda geçilen aşamaları kullanabiliriz.

- Bilincimizi açık tutalım. İçinde bulunduğumuz anları sadece yaşayıp arkamızı dönmeyelim. Neyi, neden yaşadığımızın farkında olalım.

Yaşadıklarınız hoşunuza gitmezse ders alma hakkınızı kullanın

- Mutsuzluk veren ögeler hoşumuza gitmese de, şaşırıp sendelemek yerine alınabilecek bir ders olup olmadığına bakmak akıllıca olacaktır.

Kimi zaman karşımıza çıkan olumsuzluklardan bile elde edilebilecek önemli dersler olduğunu, bunu da kendi adımıza sadece bizim yapabileceğimizi unutmayalım.

- Olumsuz olmak kavramını hayatımızdan bir anda uzaklaştırmak mümkün olamıyorsa hiç olmazsa bir süre görmemezlikten gelmeye çalışalım.

Beklemeniz gerekiyorsa, umut ederek beklemeyi seçin

- Beklememizi gerektiren bir süreç varsa ve sonuç belli değilse, sürecin mutlaka lehimize sonuçlanacağını umut etmeyi tercih edelim.

Kimi zaman sonuçlar aleyhimize imiş gibi görünse de bu gibi durumlarda acele karar vermekten kaçınalım. Kısa vadede aleyhimize imiş gibi algılanan konuların belli bir zaman sonra aslında lehimize gelişmiş olduğu sürprizi ile karşılaşabiliriz.

Kaldı ki durum tamamen aleyhimize gelişmiş olsa bile hiç olmazsa her gün moralimizi bozmak yerine, bir kez bu olumsuzluğu yaşar ve alınabilecek derslerimizi çıkardıktan sonra unutarak geleceğe bakarız.

-Sadece olaylar değil insanlar için de olumsuz düşünmemeye gayret edelim. Biz olumlu oldukça onlarında bize bu doğrultuda yaklaştıklarını deneyimlemek için gerek kendimize gerekse onlara fırsat vermemiz gerektiğini unutmayalım.

Hayata Güven Duymayı Deneyin

- Duymadığımız, görmediğimiz şeyler için 'Zannetme ve Varsayma mekanizması'nı çalıştırmayalım. Görmemiz gereken bir şey varsa, gereken zamanda görür ve duyarız.

- Hayata güven duymayı deneyelim. Ona kendimizi güvenle teslim ettiğimizde, bize daha farklı davrandığını göreceksiniz.

Zihin orucu uygulaması ile zaman içinde zihnimizi kontrol etmeyi ve hayatımızı daha huzurlu yaşamayı öğreneceğimiz kaçınılmaz bir gerçektir. Ne demiştik? Her şey daha huzurlu olmak için...

BÖLÜM 5

AŞK...

Konu özellikle aşk ile ilgili olduğundan bu bölüme özel bir önem vermek gerekiyordu. Aşk hayatımızın en güzel duygularından birisidir. Canlandırır, mutlu eder ve bu duyguyu yaşadığımız kendimizi son derece güçlü hissetmemize yardımcı olur.

Öte yandan bitmesi de ayrı bir derttir. Bulutların üzerinde pembe gözlüklerimizle dolaşırken birden alaşağı oluruz. Her şey biter. Işıklar söner... ve bizde sahnede yapayalnız kalıveririz.

Mutluluğu yaşamak hoştur da önemli olan mutsuzken neler yapılabileceğidir. Kendimizi toplamak, geçmişte kalanı olduğu yerde bırakmak için kendimize güç vererek moral toplamak da bizim görevimiz olacaktır.

Söz konusu olan bizsek bize bizden başka hiç kimse yardımcı olamaz.

Bu bölümde; aşk ve onun doğurduğu kabuslar olan terk edilme, aldatılma gibi olumsuz duygularla ilgili birkaç savaş terapisi bulacaksınız.

Aşk başlar, biter sonra aniden en beklemediğiniz anda yeniden gelip sizi yakalar. Madem ki her şey biz insanlar için o halde moralimizi bozmadan yaşamaya devam!

AŞK

Zannederim dünyanın en zor işlerinden birisi de, üzerinde çok kurcalanmış, çok konuşulmuş konular üzerinde yazı yazmaktır.

O kadar irdelenmiş ve o kadar kafa yorulmuştur ki, size artık neredeyse söyleyecek bir şey bırakılmamıştır. İşte bu tür konularda hele de yazmak veya konuşmak istiyorsanız işiniz zor demektir. İnsanlar bu konu ile o kadar çok karşılaşmıştır ki söyleyecek veya yazacak olduğunuz hiçbir şeyin onlara ilginç gelmemesi riskini de sırtınızda taşırsınız.

Ancak, bu çok irdelenip oynanan konular arasında öyleleri vardır ki, üzerinde ne kadar çok konuşulsa da, sayfalar dolusu yazılar yazılsa da insanlar hiç ama hiç bıkmazlar.

Aman konuşmasın diye devamlı susturulmaya çalışılanlara bile hak görülür böyle konularda ahkâm kesmek.

Şimdi sizlere işte tamda böyle bir konudan, hayatımızı fazlaca meşgul eden, doğrudan etkileyen, kesinlikle ruhumuzun iç huzuruna ket vurabilecek denli kuvvetli bir olgudan AŞK tan söz etmek istiyorum. Hani bizim gezegende hala var olduğunu söylüyoruz ya.

Hemen bütün dillerde neredeyse bir kaç harf ile ifade edilen bu hem tehlikeli hem de bir o kadar güzel kelime.

Aşk kimi zaman insanı uçurup, kimi zaman yerden yere vursa da her insanın işin deneyim aşamasını mutluluğu ve mutsuzluğu ile beraber kendisinin yaşaması gerekir.

Aşk ve aşktaki deneyimler kişilere özeldir. Herkes kendi yaşadıklarından çıkardığı sonuçlara göre bir davranış biçimi geliştirir. Geçmişinden aldığı dersler doğrultusunda sonraki deneyimlerinde kendisini korur veya tam tersi hepsinde salıverir, içinden geldiği gibi yaşar. Karar kendisine aittir, hiç kuşkusuz yol açacağı sonuçlar da.

Romantik, heyecanlı, mutlu duygularla başlayan bir olgu neden bir zaman sonra bizi neredeyse doğduğumuza pişman etmeye başlar?

Zannederim ki en önemli sebepler, beklentilerin başlaması ve her iki tarafın veya taraflardan birinin de olsa hareketlerindeki genel yönün değişmesidir.

Her duygu gibi aşk da doğar, gelişir, süreç içerisinde aşınmalara, değişimlere uğrar ve bir zaman sonra da biter. Bitmek zorundadır!

Herhangi bir arkadaşınızı çok sevmeniz, sevginizin gün geçtikçe artması mümkündür. Size bariz bir problem çıkartmadıkça da arkadaşınıza olan sevginiz hep devam eder.

Ancak aşk doğası gereği bitmek zorunda olduğundan bitiş düdüğü çaldığında kırıntıları dahi kalmamış olabilir.

Şimdi dilerseniz öncelikle evrelerine şöyle bir göz atalım.

Birinci Evre

Göz görür, gönül beğenir, beraber olmak isteği ile dolarsınız. Bu arada her zaman ille önce gözün görmesi gerekmez bazen bir ses duyarsınız, sese doğru dönmek hatası yapmanızla beraber Eros'un okunu yersiniz. Olan olmuştur artık gözünüz gittiğiniz her yerde onu aramaya başlar.

Bir haber varsa anında yakalamak için durmaksızın e-maillerinize bakıp, cep telefonunuzu gözünüzün önünden ayırmazsınız. Karşınızda bulunan insanın da fikirleri sizinle aynı doğrultuda ise problem yok.

Ancak birde değilse durumu var ki işte o andan itibaren hayat yaşanması zor bir hale bürünür. Ta ki yediğiniz okun etkisi azalana dek. Eğer fikirler aynı doğrultuda ise dahi bir kaçma kovalamaca durumu yaşanması da kuvvetle muhtemeldir. Başında nedense taraflardan birisinin kaçması diğerinin kovalaması yazılı olmayan bir kural haline gelmiştir.

Başlarda yaşanan bu süreç genelde en keyif veren dönemdir. Yeni başlanan aşk oyunda taraflar oldukça temkinli ve naziktirler. Birbirlerini kırmaktan incitmekten kaçınır, kendilerine uymayan bir davranışla karşılaştıklarında, bu hataları yok saymaya çalışır, randevulara geç gelinmesine anlayış, özel hayata saygı, giyime, kuşama özen gösterilir.

Sadece bu mu? Zavallı dişler günde beş kez fırçalanır. Mutlaka bir çiçekçi edinilir ki istenildik saatte gerekebilecek olası çiçekler temin edilebilsin.

Gösterilen bu kadar özenin nihayetinde ise her iki tarafta heyecan içinde yıllardır aradığını bulduğunu düşünmeye başlar.

Bunlar sadece aşkın ilk evrelerinde gösterilen hoşgörüler olup taraflar başlangıçta son derece dikkatli olduğundan hata sayısı en aza iner ve buda kişinin karşısındaki insanın çöpsüz üzüm olduğunu zannetmesine yol açar.

Şimdi dilerseniz gelin aşkın ilk evresini detaylıca inceleyelim ve nasıl aşık olduğumuza bakalım.

Nasıl ve Neden Âşık Oluyoruz?

Baharın gelmesi ile herkesin aklında da tomurcuklar açmaya başlar. İnsanların bakış açıları olumsuzdan olumluya doğru bir ivme kazanır. Karşılaştıkları problemli durumlarda gösterdikleri tolerans daha bir fazlalaşır.

Herkes pembe bulutların üzerinde dolaşmaya hazırlanırken elbette oluşan yeni duruma duyarsız kalınamaz. Dolayısıyla ara sıra pembe gözlüklerimizi takarak aşktan söz etmek gerekecektir.

Acaba neden ve nasıl âşık oluyoruz?

Neden herkesin duyguları arasında farklılıklar bulunmaktadır. Kiminin aşkı beş yıl sürerken, diğeri neden bir ayda tüm evrelerini tamamlayarak bu işi bitiriyor.

İşte size merak ettiğiniz soruların cevapları.

Kadim Yunan uygarlığının gizemli mitlerine göre aşka düşmemize sebep, güzellik tanrıçası Afrodit'in yakışıklı oğlu Eros'tur. Her daim okları ile beraber gezen Eros'un ne zaman ya da nerede karşınıza çıkacağı hiç belli olmaz. Dolayısıyla kalbinize nereden geldiği belli olmayan bir darbe almanız anlık bir meseleden ibarettir.

Öte yandan aynı isim melekler dünyasında 'Aşk meleği Eros' olarak karşımıza çıkar. Her iki durumda da aşk duygusunun onun attığı oklar ile hayat bulduğuna inanılır.

Madem aşka sebep Eros'tur o halde bu duygunun değişik tat ve yoğunluklarda yaşanmasının da Eros'un attığı oklarla yakın bir ilgisi bulunmaktadır.

Peki, acaba neden her aşkın şiddeti ve süresi farklı olmaktadır? Gelin dilerseniz konuyu mercek altına alarak hem kafamızı dağıtalım hem de dudaklarda minik birer gülücük oluşturalım.

Aşkların Şiddetleri ve Süreleri Neden Farklıdır

Muhtemelen Eros'un yayı, zarif bir heybesi, içinde çift sıralanmış okları ve bir de aşk iksiri şişesi bulunmaktaydı. Şakayı sevdiği söylenen Eros iksir miktarı veya okların atılma sürelerini değişken tutmaktadır ki yaşanan aşkın tadında ve yoğunluğunda farklılıklar oluşabiliyor.

İşte size bu senaryolardan birkaç tane örnek:

- Oklardan birisini hemen atmakta, diğerini ise bazen atmayıp bekletmektedir. Bu durumda çiftlerden birisi hemen aşka düşerken diğeri henüz oku yemediğinden rahatça gezmektedir. Oku yiyen için kovalama eylemi başlamış olup gözü başka bir şey görmediğinden hali de perişandır.

Eros insafa gelip ikinci oku attığında kovalamaca son bulacak herkes de huzura kavuşacaktır. Ancak atmayıp bekletir ya da sağda solda gezerken düşürüp kaybederse 'Karşılıksız aşk' diye adlandırdığımız, istenmedik durumlar da kaçınılmaz olarak ortaya çıkacaktır.

- Kimi zaman aceleyle hareket ettiğinden okları karıştırma riski de olacak bu da çeşitli karışıklıklara yol açacaktır. Yapılan bu elim hata sonucu Ahmet'in kendisi için yanıp tutuşan Belma'ya değil de, varlığından bile habersiz olan Ayşe'ye aşık olması zannederim bu hatayı anlatabilecek vehamette bir örnektir.

- Muhtemelen bu tehlikeli oklardan her biri atılmadan evvel heybede bulunan aşk iksirine batırılmaktadır.

Her iki ok aynı sürelerde iksirde bekletildiğinde sorun çıkmamakta. Ancak iksirin dozu farklı kullanıldığında, taraflardan birisinin aşkı kısa sürede biterken diğerinin sürünmeye devam etmek riski ortaya çıkmaktadır.

Hiç şüphe yok ki bunlar işin hayal ürünü gülmece kısmıdır. Öte yandan her ne olursa olsun aşk duygusunu hayatın diğer tüm güzelliklerini unutacak denli ciddiye alıp kendimizi yıpratmak ruhumuza yapabileceğimiz en büyük haksızlıklardan birisidir.

Aşk güzel bir duygudur. Tüm güzellikleri ile yaşanır ama evrelerini tamamladığında da biter. Ardından yaralarımızı sararak kendimizi sakinleştirmek ise sadece bize düşer. İçiniz rahat olsun ki hiçbir duygu gibi aşk acısı da sürekli ve aynı şiddette yaşanmaz.

Kendimizi az veya çok yıpratsak da acılarımız 'Zaman' isimli kuvvetli ilaca karşı koyamayacaktır.

Biten aşkların ardından kendimizi yıpratmak veya yaralarımızı sarmak üzere harekete geçmek de tamamen bizim kararımızdır.

Kendimizi bırakıp yıpranmayı tercih etmek şıkkını seçtiğimizde mutluluğumuzu ertelediğimizin farkında olmamız gerekir.

Düşünsenize, aşk zaman içerisinde acısı azalıp kaybolmasaydı hepimiz halen, ilkokuldaki sevgililerimiz için ağlıyor olurduk.

Kalbimize oku yediğimiz ilk anda veya acının etkisi halen sürerken bu detayları düşünmek zor olabilir. Ancak sevdiğimizin kalbindeki iksir etkisini kaybetmişse aklımızı başımıza toplayıp kalbimizi onarmaktan başka yolumuz kalmayacaktır.

Bu anlamda da ruhumuza büyük iş düşecektir. Yaralı kalbimizi onarırken yine en büyük yardımı her zaman ondan alacağız. Yeter ki isteyelim! Ve yeter ki kendimizi hak etmediğimiz huzursuzluk anaforlarından kurtarmaya karar verelim.

Aşkın Gelişme Evresi

Aşkın başlangıcını inceledikten sonra sıra ikinci evresini mercek altına almaya geldi.

Gelişme evresi de diyebileceğimiz bu evrede hissedilmekte olan duyguların şiddeti artar, paylaşımlar çoğalır. İlk evrede taraflar birbirlerine herhangi bir problemden söz etmezken artık burada 'Senin derdin benim de derdim' türküleri söylenmeye başlanır. Kişiler karşılarındakini hem daha çok sever hem de onun diğer insanlar gibi normal bir insan olduğunu artık yavaşça anlamaya başlarlar

Mükemmellik bitmeye yüz tutmuş olup üzümün çöpleri de ister istemez görüş alanına girmeye başlamıştır.

Aşk Üzerine Son Evre

Sonlu kavramlardandır aşk. Altın çağı yaşandıktan ve çiftlerde birbirini tanımaya başladıktan sonra sıra armut saplarının ve üzüm çöplerinin görülmesine gelir. Özen giderek azalırken problemler çoğalmaya başlar. Sonunda da muhteşem finalin sıra gelmiştir.

Üçüncü ve son evrede ise tarafların biri veya her ikisi de birbirlerinden bıkma aşamasına varmış olup ufak bir dürtükleme ile diğer ilişkilere yelken açmaya hazır hale gelmişlerdir.

Sonrasında şu veya bu şekilde ilişki biter ve geriye sadece yaşanmış olanlar kalır. Son evrede yontma taş devrine has özelliklerin yaşanmaması için her iki tarafın da birbirine medeni davranmasında fayda vardır.

Kişilerin güzel karakter özellikleri, sabırları veya ilişkiye gösterilen özen aşkın sonlu bir kavram olması üzerinde etkin olmaz. Güzel özellikler sadece yaşanan süreci uzatır ve kimi güzel anların değerini arttırır.

Tüm bunların yanında bizzat yaşanan örnekler veya şahit olunan durumlar hiç birimizin aşktan uzak durmasına engel olmaz.

Yaşanan her yeni aşkta, bu duygu ilk kez tadılırmışçasına, önceden hissedilenler unutulur. Her yeni ilişkide doğru insanın bulunduğu zannedilerek mutluluğa yelken açılır.

Hatta daha da ileri gidilerek yeni karşılaşılan bu sevgilinin o ana dek nerelerde gizlendiği merak edilir. Tüm evreler olanca hızıyla bir kez daha tekrar edilir.

Aşk güçlü bir duygudur. Yaşattığı tüm olumsuzluklar yanında hayatımıza doyumsuz bir mutluluk vermek özelliğine sahiptir.

Aklımızı, kalbimizi, ruhumuzu tazeleyerek yaşama coşkusu verir. Bunların hepsi iyi güzel yaşanası duygulardır da peki ayrılık baş gösterdiğinde ne yapmalı?

İşin bu kısmını kimse sevmez tabi de aşkın güzelliklerini yaşama isteğimiz varsa son evresine katlanacak cesaretimiz de olmalı.

- Kimi zaman insan ne kadar özen gösterse de aşkın en güzel zamanları olan ilk evresini uzun süre aynı tatta koruyamayabilir. Bunun için ne kendinizi ne de aşkınızı sorgulamanıza gerek yoktur. Nihayetinde aşk iki kişi ile oynanan bir oyundur. Sadece sizin destek vermeniz yetmez. Karşınızdaki insanın da çaba göstermesi gerekir ki süreç uzun olsun.

- Yeni bir aşka yelken açtığınızda, zaten sonlu bir kavram olduğunu düşünerek kendi tadınızı kaçırmayın. Bu konuyu düşünmeyi her şey bittiğinde kendinizi daha az üzmek için üçüncü evrede kullanmak üzere aklınızda tutun.

- Her aşkın tükenişe doğru gitmesi, sizin yeni bir aşka hazırlanmaya başladığınızı gösterir. Ancak yeni güzellikleri yaşayıp tadını çıkartabilmek adına önce biraz acı çekmeniz gerekebilir. Sürecin geçici olduğunu aklınızda tutmaya çalışın. Nasıl olsa bu da bitecektir.

- Aşkınız aniden bir aldatma ile son bulmuş veya sekteye uğramış olabilir. İstenilesi bir durum olduğunu kimse iddia edemez. Ancak aldatma ve aldatılmanın insanlara mahsus bir özellik olduğunu bilerek, hatayı kendinizde aramayın ve kendinizi yıpratmaktan kaçının.

- Bitişin hatasının tamamen size ait olduğunu düşünseniz de üzülmemeye çalışın. Bundan böyle yapılmaması gerekeni gördüğünüz için konuyu kazanılmış bir tecrübe olarak bilgi hazinenize kaydedin.

- Suçlamalardan uzak durun. Özellikle ex aşkınızla toplum içerisinde karşı karşıya gelmeniz gerekiyorsa acı veren, inciten cümleleri söylememek her zaman sizi koruyan bir davranış biçimi olacaktır.

Merak etmeyin, karşımızdaki insanların hissedilenleri anlaması için bunları onlara her durum ve koşulda sözlü iletmemize gerek yoktur. Kimi zaman susarak protesto etmek de içimizi rahatlatabilecek ve karşımızdaki insan üzerinde gerekli etkiyi uyandırabilecek bir seçenektir.

- Ağlayıp, başkalarına dert anlatarak diğer insanları da bıktırmaya veya acıma hissi duymalarına yol açmaya gerek yoktur. Paylaşmadan içimiz rahatlamıyorsa, kimsenin bizi duyamayacağı bir yere giderek içimizden geldiği gibi bağırmak rahatlamamıza yardımcı olabilir.

Diğer insanlarla yapılan sözlü paylaşımlar kimi zaman değerli anılarımızı da geri çağıracağından daha fazla üzülmemize neden olabilir. Bu yüzden paylaşımlarımızı acımız biraz hafifledikten sonra yapmak daha mantıklı olacaktır.

Aşkı yaşadığımız gibi zamanında bitirmesini de bilmek gerekir. Zaten bitmesini istemesek de o kendi evrimini tamamladığında çeker ve gider. Kendi değerinizi biliyorsanız gidenin ardından gözyaşı dökmek yerine enerjinizi yeni bir güzelliği yaşamak için harcayın.

Aşkı Ürkütmeyelim...

Bildiğiniz gibi her aşkın farklı bir hikâyesi vardır. Bu duyguyu yaşayan iki kişinin kimi zaman hayatlarını alt üst eden, bazen de kendilerini cennette hissetmelerini sağlayan... Ama illa ki vardır her aşkın kendisine özgü bir hikâyesi.

Bahar ayları sadece doğaya farklı bir güzellik vermekle kalmaz insanların da kalbi ve hormonlarında bir hareketlenme başlatır. Aşk aklınıza her geldiğinde emrinize amade kapıda beklemez. Kimi zaman bahara ve değişen doğaya rağmen kalbinizde en ufak bir yeşerme dahi hissedemezsiniz.

Aşka düşülse de kimin aşkı ne kadar sürer, hangisi derinden yakar veya hangisi rüzgâr gibi gelir geçer bilinmez. Ancak sahip olduğumuzda bizlere mutluluk verdiği, yaşadığımızı hissettirdiği de bir gerçektir.

Bize mutluluk veren böyle özel bir duygu yakalandığında onu ürkütmemek gerekir. Elimizdeki sırça köşkün parçalanmaması için çaba özellikle aşkın ikinci evresinde gösterilmelidir ki hissedilen mutluluk süreci uzasın.

Aşk iki kişilik bir oyun olduğundan aslında her iki tarafın karşılıklı çaba göstermesi gerekir. Ancak biz kendimizden ve kendi hareketlerimizden sorumlu olduğumuzu bildiğimizde işimiz kolaylaşacaktır.

Elbette aşk herkesin kendi özelidir ve kendi kişisel tecrübelerimizle yaşanır. Birimiz diğerine bir gösterge olamasak da deneyimlerin paylaşılması hataların en aza indirgenmesine yardımcı olacaktır.

Yaşanan her aşk kendine özel dinamikleri içerisinde saklı tutmakla beraber, insan ilişkilerine dayanan bir olgu olması nedeniyle göz önünde bulundurulması gereken ortak noktaları da vardır.

Bunları aslında hepimiz biliriz bilmesine de özellikle ilk filizlenme dönemlerinde aklımız başımızda pek rahat duramadığından dikkat etmeyip kimi kurallara uymayı unuturuz.

Gelin isterseniz neleri unuttuğumuza ve aslında hatırımızdan çıkartmamamız gerektiğine şöyle bir göz atalım.

Aşık Olduğumuzda Dikkat Etmemiz Gerekenler

- Aşk bir paylaşımdır. Bazen duyguları, bazen de küçücük bir sandviçi. Ama aşk paylaşıldıkça çoğalır, güzelleşir, güzelleştikçe keyif verir.

- Bencil davranmamaya çalışalım. Her ne kadar duygularımız bu konuda bize baskı yapsa da

Karşımızda bulunan kişinin de bir insan olduğunu ve bizi sevse dahi kimi zaman yalnız başına kalmak isteyebileceğini unutmayalım.

- Nedense aşkın çiftler arasında birbirlerine müdahale etmek hakkı verdiği düşünülür. Müdahaleler ise kimi zaman incitici boyutlara varabilir. Oysa bu tür davranışlar hem aşkı yıpratır hem de bizi yormaktan öteye gitmez.

- Aşkı bizimle paylaşan insanı, davranışları nedeni ile sorgulamamaya özen gösterelim. İki farklı insanın bir araya gelerek kişiliklerinin aynı potada erimesi belli bir süreç gerektirir.

Hayata bakış açıları farklı pencereden ise süreç daha sıkıntılı bir hal alabilir.

En az zararla sıyrılabilmek adına ilk etapta sadece davranışları incelemeye özen gösterelim. Değerlendirme yapmadan evvel kendimize ve karşımızdaki insana zaman tanıyalım Acele alınan kararlar ve yapılan yargılamalar hata yapma riskini yükseltecektir.

- Bundan önce hayatımızda var olan ve muhtemelen bundan sonra olacak arkadaşlarımızı da aşık olduğumuzda yok saymak hatasına düşmemek gerekir. Arkadaşlarımız bu aşktan önce de, şu anda da ve muhtemelen bu aşk bittikten sonra da yanımızda olacaklar. Diğer ilişkilerimizi ihmal etmeden yaşamaya devam etmemiz, hayatımızın akışının daha düzenli ve tanıdık olmasına yardımcı olur.

- Elimizde bulunan teknoloji harikası cep telefonlarını elbette kullanalım. Konuşalım, mesaj atalım. Ancak bu aletlerin 24 saat kesintisiz iletişim halinde olmamız için icat edilmediğini unutmayalım. Devamlı bağlantı halinde olma isteğine gem vurmak hem özlemeyi hem de özlenmeyi sağlayacaktır.

- Aşık olduğumuz insanın var ise gizemlerine saygı göstermek için gayret edelim. Bunları öğrenmek üzere çabalamak karşımızdaki insanın bize olan güvenini zedeleyebilecektir. Bilmek istediğimiz her ne ise, gereken en uygun zamanda bizim tarafımızdan öğrenilecektir. Hayata güvenimizi kaybetmeden yaşamak, iç huzurumuzu dengelememize yardımcı olacaktır.

- Kendimize değer vermeyi, bakımlı olmayı ihmal etmeyelim. Üstümüze başımıza dikkat ettiğimiz gibi ruhumuzun da dağılmaması için çaba göstermeyi unutmayalım. Bunun en kolay yollarından biri de olumlu olup hayata iyi yönlerinden bakabilmeyi denemektir.

Seviyorsak ve mutluysak, kendimizi gereksiz kuruntularla yoracağımıza bu mutluluğa teslim olmayı tercih edelim. Olumsuzlukları düşünmeyelim. Ne olacaksa bir kere olacaktır. Kendimizi zehirlememiz hem huzurumuza hem de ilişkimize olumsuz yönde yansıyacaktır.

- Sevdiğimiz insanın yakınlarına, arkadaşlarına saygılı olmaya özen gösterelim. Biz nasıl davranırsak karşımızdaki insanlar da davranışlarını ona göre ayarlayacaklardır.

Kaldı ki iyi niyetimize karşılık göremesek bile bu şuursuzluk yegâne karşımızdaki kişiye ait olacaktır bize değil.

- Güler yüzlü ve anlayışlı olmak için gayret edelim. Sadece biz değil etrafımızdaki insanların da olumlu olmaları için onları desteklemeye çalışalım. Unutmayalım mutluluk tıpkı bulaşıcı bir hastalık gibidir.

- Seviyor ve seviliyorsanız hayata borçlanmış sayılırsınız. Borcunuzu etrafınızdaki insanları neşelendirerek ödemeye çalıştığınızda hayatı kendinize borçlandırmış sayılırsınız.

KALBİMİ ONARIYORUM TERAPİSİ

Aşklar da biter! Daha doğrusu aşklar bitmeye endekslidir. Tıpkı hayat gibi onlar da başlar, gelişir ve evrelerini tamamladığında kaçınılmaz olarak son bulur.

Aşk gitmek istediğinde tutabilene aşk olsun. Ruhunuz bile duymaz. Bazen de bu gidiş öyle zamansız olur ki. Canımız yanar, içimiz kanar, yaralanmış bir kalple ortada kalıveririz. Zannederim şu anda yazılanları okuyan herkes bu duyguyu en az bir kez de olsa tatmıştır.

Peki, aşkımız bitip kalbimiz elimizde kaldığımızda neler yapıyoruz?

Durumu hazmetmeye çalışıp kendimize destek mi oluyoruz?

Yoksa gözyaşlarına boğulup kendi yıkıntılarımız içerisinde yitip gidiyor muyuz?

Oysa böyle bir durumda kendimizi duygu çalkantıları içerisine bırakmanın pek de doğru bir davranış tarzı olmadığını artık biliyoruz.

Şimdi dilerseniz kalbimiz yaralı olduğunda hangi yöntemlerle acısını hafifletebileceğimize şöyle bir göz atalım.

- Yine tıpkı diğer terapilerimizde olduğu gibi kendimize uygun bir ortam seçerek gerekli hazırlıklarımızı yapalım. Evvelce kendi huzur köşenizi yarattıysanız bu bölgeyi kullanmak ideal olacaktır. Bulunduğumuz yerde seçilecek rengin bu kez şifayı simgeleyen pastel yeşil olmasına dikkat edelim.

- Aşkın artık bittiğini kabullenebilmek bazen işin en zor olan kısmıdır. Ancak bunu bize başkaları hatırlatacak olduğunda acımızın katlanması kaçınılmazdır. Tıpkı elimizi bir yere vurduğumuzda daha az, ancak başkası elimize vurduğunda daha fazla acıması gibi.
- Mekânımızı seçip yerimize rahatça yerleştikten sonra kendimizi duyduğumuz acıya teslim edebiliriz. Duygularımızın farkında olalım. Şu anda üzülmek gibi bir hakkımızın olduğunu ve bu hakkımızı kısa bir süre için kullandığımızı sakın unutmayalım. Acının bir süre sonra bizim tarafımızdan engelleneceğini bilmek kendimize dışarıdan bakmamıza yardımcı olacaktır.
- Ortalama on dakikalık bir süreyi bu şekilde geçirdikten sonra sıra kendimize müdahale etmeye gelmiş demektir. Bu aşamada öncelikle aşkın bittiğini kendimize sesli olarak tekrar edelim. Ağlayabiliriz, üzülebiliriz, ama ne kadar incinsek de bunu kendimize biz söylemeliyiz başkaları değil. 'Bu aşk bitti' şeklinde bir cümle kurmak bize yardımcı olacaktır. Kısa ve net bir şekilde birkaç kez tekrar ederek aşamayı tamamlayalım.
- Sıra kalbimize odaklanmaya geldi. Şekilsel olarak kalbimizi zihnimizde canlandıralım. İçine o anda acı çekmemize neden olan kişinin bir görüntüsünü de koymayı ihmal etmeyelim.

- Şimdi sıkı durun. Kalbinizin etrafında kuvvetli bir yel estiğini hayal edin. Bu yel kalbin içerisindeki görüntüyü söküp alarak sonsuzlara gönderecek denli kuvvetli. Siz derin nefesler alıp verirken, aynı anda kalbinizin içerisindeki bu görüntünün de uçarak sonsuzluklara karıştığını hayal edin.
- Kalbinizin boş olduğunu düşünerek derin nefesler alıp vermeye devam edin. Bunu yaparken acı çekmenize neden olan kişiyi affettiğinizi ve ona dair hiçbir kırgınlığımızın kalmadığını da kendi kendinize tekrar etmeyi ihmal etmeyin. 'Seni affettim' cümlesini sesli olarak söylemekten çekinmeyin. Cümle tamamlandıktan sonra söylediğimizin farkında olarak buna ikna olmak için gayret verin.
- Bu işlem bittikten sonra derin bir temizlik yapma zamanı geldi demektir. Bu kişi ile ilgili hoşlanmadığımız hangi anı varsa bunları kalbinizden çıkarıp bir çöp kutusuna attığınızı ve onlardan kurtulduğumuzu hayal ederek devam edin.
- Temizlik işlemi tamamlandıktan sonra kalbinizin bir kapısı olduğunu ve bunu da sıkıca örtüp kapattığınızı düşünerek üzerine bir de güzel kilit vurduğunuzu duyumsayın. Nadasa bırakılan topraklar gibi bir süre için de olsa dinlenmeye ihtiyacı olan kalbimizi, canımız ne zaman isterse o zaman yeniden açılmak üzere kapatmış olduk.
- Son olarak da kalbimizin etrafını, beynimizden göndereceğimiz bir ışık ile kapladığımızı düşünelim. Bu ışık bizim koruma kalkanımız olacaktır ve

biz istemedikçe hiç kimse bir adım ileriye geçemeyecektir.

- Terapimizi tamamladıktan sonra dikkat edeceğimiz ufak birkaç nokta iyileşme sürecimizi kısaltacağı gibi normal hayata da daha çabuk karışma imkânı verecektir. Bizi üzen kişiye ait kötü veya iyi anılarımızı düşünmemek ve onları yeniden aklımıza çağırmamak ilk önemli şarttır. Bu anıları aklımızdan ve kalbimizden attıktan sonra yapılacak en doğru şey kendimizi zaman denilen ilaca teslim etmek olacaktır. Emin olun artakalan ne varsa geçen zaman derdinize deva olacak ve sizi rahatlatacaktır.
- İlgili kişiyi çağrıştırabilecek yerlerden uzak durup, beraber yapmaktan hoşlandığınız etkinlikler var ise bunları bir süre için de olsa ertelememiz yıpranmamızı asgari düzeyde tutar.
- Terapi sonrası karşılaşılabileceğimiz problemlerden birisi de kalbimizi yaralayan kişinin kaçılamayacak bir uzaklıkta olmasıdır. Her gün karşılaşmak veya konuşmak gibi durumların anılarımızı tazelemek üzüntü sürecimizi uzatmak gibi bir riski vardır.

Böyle zamanlarda cesaretli davranmayı tercih etmek daima lehimize olacaktır. Olurda karşılaşırsak yüzüne bakmaktan veya konuşmaktan korkmamak için çaba gösterelim.

Öte yandan her karşılaşmamızda içimizden 'Ben seni kalbimden attım, seni affettim, artık üzerimde hiçbir etkin kalmadı' cümlelerini tekrar etmenin faydası olduğunu göreceksiniz.

Bunu yapmakta zorlanırsanız bir diğer önerim karşılaştığınızda onun hatalı veya komik bir tarafını düşünmeye çalışmak olacaktır. Her insanın mutlak surette hata olarak görülen ya da komik bulunan bir tarafı vardır.

Aşkımızı son hızı ile yaşarken coşkumuz nedeni ile bunları görmek istemesek de hatalar oldukları yerde dururlar.

İşte şimdi zihin bankamızdaki bu değerli bilgileri kullanmak zamanıdır. Onunla ilgili tespit ettiğimiz hangi hatalı veya komik durum varsa aklımıza bunları yazarak her karşılaştığımızda düşünmek durumu daha hafif atlatmamıza yardımcı olacaktır.

- Son olarak, onunla yaşanılan aşk sürecinden evveline dönüp o dönemde ne yapıyor, ne düşünüyor veya neler ile ilgileniyorsak, hayatımızda bu süreç hiç yaşanmamış gibi yeniden o dönemde yaptıklarımızı hatırlamaya ve bunları uygulamaya çalışalım.Beynimiz tıpkı akıllı bir çocuk gibi istediklerimizi hatırlamamız için gerekli desteği verir. Siz sadece ona güvenin. Aşka düşmeden evvel bu kişi ile ilgili fikirlerimiz ne idiyse yine aynı fikirleri yeniden çağırarak beynimizin içerisine dolmasına izin verelim.

Onarma süreci bir yerde kişinin kendisine olan düşkünlüğüne bağlıdır. Eğer kendimizi seviyor ve değer veriyorsak onarma sürecimiz hızla tamamlanacaktır.

Hem unutmayın her aşkın bitişi, yeni olan bir diğerinin başlayacağının habercisidir.

EYVAH ALDATILDIM!

Kimi zaman aşkımız tüm hızıyla sürer ve biz de bulutların üzerinde pembe gözlüklerimizi okşayarak mutlulukla dolaşırken birden birileri ayağımıza bir çelme takarak diplere doğru alaşağı eder.

Bu hızla gözlüklerimiz de kırıldığından hayatı artık pembe görmek imkanı kalmaz. Düşmenin etkisi yavaşça geçerken başımıza geleni anlamaya başlarız.

Aldatılmışızdır... Olan biten bundan ibarettir.

Ne kadın ne de erkek için aldatılmak kolay yüklenilebilir bir duygu değildir. İşin içerisinde cinselliğin olup olmaması da birçoğumuz için durumu değiştirmez.

Dünyanın merkezi olarak gördüğümüz insan bir başkasına ilgi gösteriyorsa hayatımız karışıverir. Mutsuz ve huzursuz günlere doğru yelken açarız.

Öte yandan yaşadığımız sürece insana özgü olan bu davranışları da deneyimlememiz kaçınılmazdır. Ne kadar kaçıp karşılaşmamak adına bir dizi önlemler alsak da kimi zaman olanlara müdahale şansımız olmayabilir.

Başımıza gelenlerse başarısızlığımız, eksik veya hatalı davranışlar içerisinde olmamızdan değil çoğu kez sadece insan olmamızdan kaynaklanacaktır.

Aldatmak ve aldatılmak da insanlara özgü davranış biçimlerinden birisi olup karşılaştığımız zaman konuyu bize ait bir talihsizlik olarak görmemek de her zaman ruhumuz için akıllıca oluşturulmuş bir korunma mekanizması sağlayacaktır.

- Aşk veya diğer sosyal ilişkilerimizde hatalı, doğru, eksik, abartılı, gereksiz, yersiz türlü davranışlarımız olacaktır.

Davranışlarımızdan bazıları belki bizim bile beklemediğimiz anlarda insanlar tarafından hoşgörü ile karşılanırken kimi zaman da yanlış anlaşılıp eleştirilere kurban gittiğimizi görüp şaşkınlığa düşebiliriz.

Hayatın türlü karmaşık şekilleri göz önünde bulundurulduğunda aldatılmanın kişisel hatalardan kaynaklandığını düşünmek kendinize yapacağınız en gereksiz saldırılardan birisidir.

- Aldatılmak her zaman sevilmediğimiz veya partnerimizin gözünde kişisel olarak değerimizi yitirmiş olmamızdan kaynaklanmaz.

Konunun çiftler arasında gündeme gelmesi aşk duygusunun yitirilmesi nedeni ile olabileceği gibi tamamen farklı sebeplerle de olabilir. Hatta kimi zaman mantıklı bir sebep aramak bile yersiz kaçabilir.

- Kimi zaman aldatılmak partnerimizin tamamen yenilik arayışına düşmesinden kaynaklanıyor da olabilir. Kaldı ki bu eyleme girişen birçok insan neler yaşayıp nasıl bir hata yapmakta olduğunun farkında bile değildir. İnsan hayatında öyle gözü kararmış anlar yaşanır ki bazen her şey bittikten sonra yapılanın hatalı olabileceğine kanaat getirilir. Ama olan olur bir şeyleri toparlamak mümkün olsa da yaşanan yaşanmış ve geçmişe kaydı yapılmıştır.

- Böyle tatsız bir duruma maruz kalan taraf olayı öğrendikten sonra genel anlamda duyulan ilk tepki, etraftaki insanların bu konuda ne düşünecekleri olur. Oysa bu en son düşünülmesi hatta mümkünse hiç üzerinde durulmaması gereken bir tasadır.

İlişkiler iki kişi arasında yaşandığından dinamikleri ve sınırları en iyi onu yaşayanlar tarafından saptanacaktır.

Başkalarının ne dediğinden çok, insan olarak bizim neden ve nasıl mutlu olacağımıza dair kafa yormamız daha mantıklı olacaktır. Bu sayede diğer insanların beklentileri adına kendimize haksızlık etmek zorunda kalmayız. Her durumda olduğu gibi bunda da kendimizi nasıl daha huzurlu hissediyorsak o şekilde davranmak en doğal hakkımızdır. Neticede ilişki de, sevgili de sizin olduğuna göre karar sadece ikinize ait olacaktır.

- Bir şekilde durumdan haberdar olunduğu ilk anda büyük bir kızgınlık, güçsüzlük duyulması son derece doğal olup, ilişki ile ilgili kararın daha sonraya bırakılması en uygun davranış biçimidir.

Verilmesi gereken bir karar, irdelenmesi gereken bir konu olduğuna inanılıyorsa, değerlendirmenin çiftler arasında olaydan birkaç gün sonra yapılması daha mantıklı olacaktır.

Bu süreç içerisinde çiftler kendileri ile ilgili gözlem ve değerlendirmeleri daha sağlıklı yapabilecek ruh haline geri dönmüş olacaklardır.

- Olmuş olan her ne kadar berbat duygular uyandırsa da bilmemiz gereken, yaşananın geçmişte kaldığı ve zaman makinesi icat edilmediği sürece de duruma müdahale şansımızın artık kalmadığıdır. Geriye sadece sağlıklı bir durum değerlendirmesi yapmak ve gelecekteki olası bir mutsuzluğu önlemek için bir dizi karar almak kalır.

- Kimin canı yanıyorsa acı ona aittir. Dışarından okunan gazellere mantıklı da olsa pek kulak asmayacağınız ve kendi acınızla kendinizi bile yitirebileceğiniz bir dönemden geçebilirsiniz. İnsan yapısı gereği her an bir diğerinden değişik ruh halleri içine girebilir.

Bir an ağlarken, takip eden dakikalarda içtenlikle gülebiliriz. Bu olumlu durumu duygu fırtınaları şeklinde kullanmak yerine, bilinçli olarak lehimize kullanabilmek için kendi kendimizi eğlendirmeye ve rahatlamak için kendimize yardım etmeye hazır olalım.

- Biz kendi ruhumuzun yaralarını tamir etmekle uğraşırken, sevdiğimiz insan yaptığının hata olduğuna karar verip pişmanlık duyuyor olabilir. Çiftler arasında güçlü bir sevgi bağı varsa genel olarak yaşanan budur. Dolayısıyla bu durum ilişkimiz için yeni saptamalar yaparak kararlar almak adına yeni bir milat olarak değerlendirilebilir.

Aldatılmanın hoş veya güzel bir duygu olduğunu kimse söyleyemez. Hiç birimiz aniden alaşağı olarak mutsuzluk içerisine girmeyi tercih etmeyiz. En az zararla konuyu kapatabilmek adına yaşadıklarımızdan olumlu dersler çıkarıp huzurumuzu içimizde tutmaya çalışarak yolumuza devam etmek ise lehimize sonuçlar doğuracaktır.

Aldatılmak yalnızca sizin başınıza gelen bir şey değildir. Dünya döndüğü, insan ilişkileri devam ettiği sürece de her an herkesin karşılaşacağı bir durumdur. Yüz yüze kalırsak kendinizi suçlayarak değerli benliğinize haksızlık etmek hatasına düşmemek gerekir.

Huzurunuzu elinizde tutmayı engelleyen her duyguyu içinizden atabilmeniz dileğiyle.

ALDATILMAKTAN KORKANLAR İÇİN TERAPİ

Hayat algılama biçimimize göre değişen bir renktir. Payımıza düşeni yaşarken fırsatları değerlendirir, ezer, ezilir, parasız kalır, bulduğumuz parayla ne halt edeceğimizi şaşırır, aldatılır, aldatırız.

Kimi zaman canımız yanar, sıra bize gelince biz can yakarız. Bu nasıl bir hesap, nasıl bir düzendir bilinmez. Bildiğim bir şey varsa o da en çok korku duyulan her ne ise o konuda vurulma ve acı çekme ihtimalinin daima yüksek olduğudur.

Canımızı yakan ve korktuğumuz durumlardan birisi de hiç şüphesiz aldatılmaktır. Aşktan ve aldatmadan bunca söz ettikten sonra buna uygun bir çözüm vermemek de olmazdı. Bu nedenle takip eden terapimizi aldatılmaktan korkanlara ithaf ediyorum.

Terapiye başlamadan evvel birkaç noktaya değinmek isterim.

- Hayatımız bize aittir. Onu öngörülen süre boyunca yaşamak durumundayız. Kendimize ait bu sürecin hiçbir aşamasında korkak olmayalım ve önümüze ne gelirse cesaretle yaşamaktan kaçınmayalım.
- Her yeni güne gülerek başlayalım. Bizi bekleyen bilinmezler her ne ise cesaretimizi ve özgüvenimizi onlara kalkan olarak kullanmayı ilke edinelim.

- Gitmeye, yemeğe, oturmaya ve benzeri eylemlere nasıl karar veriyorsak korkmamaya da karar verebileceğimizin bilincinde olalım. Karar mekanizması beynimizin içerisinde çalışır ve beynimiz yalnızca bize aittir.
- Nietzsche 'Öldürmeyen şey güçlendirir' der. Aldatılma eylemine maruz kalmak nedeni ile ölmek pek mantıklı olmadığına göre bu savaştan galip çıkarak güçlenmemiz gerekecektir. Şimdi gelin şovun asıl kısmına geçelim.

Hayatta en büyük korkunuz veya korkularınızdan birisi aldatılmaksa işe beynimizi programlamakla başlamak gerekecektir.

Konuyu önce enine boyuna düşünecek ve daha sonra da rafa kaldıracağız. Bu kadar detaylı düşünmemizin nedeni, beynimizin bir köşesine iterek bizi devamlı rahatsız etmesini önlemektir.

Sağlıklı programlama yapabilmek için önce etraflıca düşünmeliyiz ki nelerden korktuğumuzu tam olarak saptayalım.

- Kendimize sakin ve huzurlu olacağımız bir mekan seçelim. Dışarıda veya evde olmamız fark etmez süreçte çok fazla bölünmeyelim yeter.
- Bulunduğumuz yerde bir masa ve bir sandalyeye ihtiyaç duyacağımız için mekan herhangi bir kafe ya da benzeri bir yer olabilir.
- Seçtiğimiz masaya kurulalım. Beraberimizde bir defter ve kalem almayı unutmayalım. Sevdiğimiz

bir içeceğin de bize eşlik etmesinde hiçbir sakınca yoktur. Beynimizin uyanık olması önemli olduğundan kahve veya bitki çayı idealdir.

- Kendi kendimiz için konuya yönelik sorular hazırlayalım.

- Aldatılmaktan neden korkuyoruz?

- Kim veya kimlerin bizi aldatmasından ürküntü duyarız?

- Aldatılırsak ne olur?

- Bu üç can alıcı soruya vereceğimiz cevapları dikkatle yazdıktan sonra artık mekan değiştirme zamanımız geldi demektir.

Bir sonraki güne kadar serbestiz. Konunun üzerine yeniden dönmemize veya onu düşünmemize gerek yoktur.

- Bir sonraki gün bu kez bulunacağımız yer kendi odamız olacaktır.

- Yatağımıza rahatça kurulalım. Yarı oturur bir durumda olalım ki uyuyup kalmayalım.

- Cevaplarımızı yazdığımız defterimizi elimize alalım.

- Sevdiğimiz insanlar bizi aldatırlarsa ne olur kısımlarını yavaşça okuyarak üzerinde düşünelim. Olabilecek, aklımıza gelen ne varsa detaylıca düşünelim.

- Düşünme sürecimizde kendimizi kaptırmayalım bunların sadece bizim ürettiğimiz olasılıklar ve korkularımız olduğunu aklımızdan çıkartmayalım. Yazdıklarımızın aslında hiç birisi olmadı biz sadece olması ihtimalinden korkuyoruz.

- Konular üzerinde detaylıca düşündükten sonra aklımızı toplayalım ve kendimize şu sözleri tekrar edelim.

- Bunların hepsi olasılık. Başıma gelebilir veya gelmeyebilir.
- Hayatın risklerle dolu olduğunu kabul ediyorum.
- En kötünün ne olacağını düşündüm.
- Alabileceğim önlemleri alacağım.
- Önlem alamayacaklarım da olabilir.
- Bundan böyle beni mutsuz eden bu konuları bir daha düşünmeyeceğim.

- Tekrarımızı yaptıktan sonra kendinize iyi geceler dileyerek güzel bir uyku çekmek üzere geceye teslim olabilirsiniz.

- Sabah uyandığınız andan itibaren alabileceğiniz önlemler üzerinde durun. Konu ile ilgili detaylı bir hazırlık yapmanız gerekiyorsa hemen harekete geçin derim. Ne de olsa durmak zaman kaybetmek demektir.

- Unutmamanız gereken kendinize verdiğiniz sözdür. Bu konu ile ilgili olumsuz durumları bir daha düşünmeyeceksiniz. Beyninizin arkalarına itip rahatsız olmamak adına onları yeteri kadar düşündünüz. Şimdi ise olumlu olma ve yapabileceğiniz her şey için önlem alma zamanı.

Alınacak önlemleri bilen ise sadece sizsiniz!

TERK EDİLME SÜRECİNİN YÖNETİMİ

İnsan hayatı boyunca kimi mutlu kimi mutsuz anları yaşar. Öyle zamanları olur ki dibe vurduğunu ve bir daha hiç yukarı çıkamayacağını zanneder.

Yaşanabilecek en istenmeyen hayat deneyimlerinden birisi olan terk edilmek kişiye dibe vurmuş hissi veren berbat duygulardan birisidir.

Ancak insan olmaya mahsus eylem ve duygu hallerinden birisi olduğundan da her an herkesin başına gelebileceği de bir gerçektir.

Bildiğiniz üzere terk edilmenin de çeşitleri vardır. Çalışanı veya işvereni tarafından terk edilenlerin yanında sevgilisi tarafından da terk edilenler vardır ki konumuz asıl onlarla ilgilidir.

Aşk evrelerini tamamladığında kendiliğinden çekip gittiği için sonuç olarak terk etme eylemini de birinden biri yapmak durumunda kalacaktır.

Her duygu gibi aşkın da evreleri vardır. Bittiği zaman ise tıpkı Murathan Mungan'ın şiirinde olduğu gibi 'Kimdi giden, kimdi kalan, giden mi suçludur her zaman ?' Sorusu da insanı düşünmeye sevk eder.

Aşkın final kısmında insanın canı o kadar yanarken mantıklı düşünmek pek mümkün olamayabiliyor.

Acıyı yaşarken her ne kadar hayatın gerçeklerinden uzaklaşacak duruma gelsek de ruh sağlığımızın ve huzurumuzun bozulmaması için akılcı davranmak durumundayız.

Takip eden satırlarda yaranıza melhem olmasa bile içinizi rahatlatacak birkaç cümle bulacaksınız. Hadi hep beraber bakalım:

- Hiç kimse hayatta terk edilmeyeceğine dair garanti verebilecek durumda değildir.

Terk edilmek her an herkesin başına gelebilecek gerçek bir yaşam deneyimidir. Unutmayın siz ne sonsunuz ne de ilk!

- Güzel bir duygu olmadığı doğrudur. Canımızı yaktığı ise kaçınılmaz bir gerçek. Hatta kimi zaman terk eden insan sevilmese bile durum bir 'Onur sorunu' haline gelebilir. Bu hatalı algılama nedeni ile de bu kez de yitirildiği düşünülen onur için uğraş vermek durumunda kalınacaktır.

Duygularınıza hiç kimse karışamasa da bilinmesi gereken hiçbir acının devamlı olarak aynı hız ve keskinlikte kalamayacağıdır. Birkaç gün veya birkaç ay sonra tamamen bitecek, ama mutlaka günden güne zayıflayarak gücünü yitirecektir.

Zaman güzel bir ilaç olup kalbin tüm yaralarını iyileştirebilecek denli güçlüdür. Sadece yoğunluğuna bağlı olarak bu süre kimimizde biraz daha uzun olabilir. Süreyi kısaltabilme becerisi ise tamamen bizim elimizdedir.

Huzurunuzu bir an evvel elde etmek istiyorsanız mantıklı davranıp gücünüzü kuşanmayı denemekten hiçbir zarar gelmez. Bu sayede bir an evvel zamanın kalbinizin yaralarını sarmasına yardımcı olursunuz.

İstememek gibi bir seçeneğiniz olduğu da muhakkaktır. Ben acılarımla mutluyum diyenlerdenseniz parmağınızı bile kıpırdatmamak tercihi tamamen size aittir. Acılarınıza ne kadar sıkı sarılsanız da zaman onları sizin onayınız olmadan sarmaya devam edecektir.

- Unutulmaması gereken en önemli şeylerden bir tanesi terk edilmenin değerli veya değersiz olmak ile herhangi bir matematiksel ilişkisinin olmadığıdır.

Siz değersiz olduğunuzdan terk edilmediniz. Ya da tam tersi karşınızdaki insan değersiz birisi olduğu için sizi terk edip gitmedi. Aşık bir insanın gözünde değer veya değersizlik diye bir ölçü yoktur. Aşkı bitmiş kişinin de bunun dışında düşünecek şeyleri vardır.

Giden içinde kolay değildir 'Ben gidiyorum' diyebilmek.

Evreler demiştik değil mi? Aşk başlar, büyür ve son bulur. Giden için son evre sizinkinden evvel tamamlanıp bitmiştir. Burada bizim payımıza düşen bir an evvel üçüncü evreyi tamamlayıp bitirmek adına harekete geçebilmeyi başarmaktır.

- Yaşınız ve konumunuz ne olursa olsun istediğiniz taktirde yeni aşklara yelken açmak gibi bir hakkınız olduğunu aklınızdan sakın çıkartmayın. Tıpkı Amerika'yı benim keşfetmediğim gibi, bunu da ortaya ilk çıkartan ben değilim. Ancak nedense insanların bu konuda kimi zaman pek de cesaretli davranmadıkları bir gerçektir.

Oysa şu veya bu şekilde bir aşkın son evresini yaşıyorsanız, bu süreci tamamladığınız anda yeni aşkın ilk evresini yaşamaya hazır durumdasınız demektir.

- Terk edilmek dünyanın sonu olmadığı gibi terk etmekten daha da iyidir zannederim. Neden mi? Bazen aşkı siz bitirebilir veya bitmesine olanak verecek davranışlar içerisine girebilirsiniz.

Bitirilmek istenen biter ama hiç dikkat ettiniz mi insan kendi sonlandırdığı aşkların ardından hep yarım kalan bir şeyler hisseder.

Tamamlanma şansını bulamamış aşkların sahipleri yüreklerinde hep bir acaba ile dolaşır ve daha değişik davranılmış olsa ne olurdu diye kendisini sorgular. O aşk içeride bir yerlerde yarım yamalak ama hep o insanla beraber yaşar.

Oysa bir şey bitecekse, sorgulamaları arkasında bırakmadan bitmesi kişinin daha huzurlu olmasına yardımcı olacaktır.

Yarım kalmış aşkların prens ve prensesleri ile uğraşmaktansa, bir anda gerçek ile yüzleşip konuyu tamamen uzaya göndermek en iyisidir diye düşünüyorum. Ne dersiniz?

- Şu ya da bu şekilde kendinizi suçlamaktan uzak durmaya çalışın. Keşke veya acaba gibi kelimelerle uğraşmak sadece zaman kaybetmenize neden olacaktır. Biten bittikten sonra dönüp dolaşıp sorgulamak, olayları yeniden yaşayarak kendini suçlamak, sadece can acıtan bir hatadan ibaret olup zaman ve huzur kaybından öteye gitmez.

Aşk ile ilgili yapılacak sorgulamaları mümkünse acısı hafifledikten sonraki devreye bırakmak akıllıcadır. Sakin bir kafa ile yapılan değerlendirmeler kişisel gelişimimize de katkı sağlayacaktır.

- Etrafınızda bulunan insanların yaşananlar veya eski aşkınızla ilgili yorumlar yapmaları sıkça başınıza gelebilecek bir durumdur.

İyi veya kötü yapılan yorumların kafanızı bulandırmasına izin vermemek kendinize yapabileceğiniz en büyük iyiliklerden birisidir.

Yapılan yorumlar sadece etrafınızdaki insanların gözlemleri ile sınırlı olup bu aşkın tüm evrelerini yaşayanın sadece siz olduğunuzu unutmayın. Aşkın yanı başında onlar değil hep siz vardınız... Yorum yapmak hakkı sadece size ve aşkı sizinle paylaşan ikinci kişiye aittir.

Etrafınızdaki insanlardan mümkünse bu konuda yoruma girmemelerini belirtmenizde hiç bir sakınca yoktur. Aşk acısı içinde kıvranan birisine karşı dostlar daima anlayışlı davranmaya çalışacaklardır.

Bir süre acı çekeceğiniz doğrudur. Ancak unutmayın... Terk edilmek utanılası bir durum değildir. İşin terk etmek kısmı ise az evvel dile getirdiğim gibi hem daha zordur hem de insanın omuzlarına daha ağır bir sorumluluk yükler.

Kendinizi zaman bırakın ve yeni aşklar için gücünüzü toplayana dek kendinize karşı anlayışlı olun ve kendinizi sevmeyi sakın unutmayın.

Değerli Okurlarım,

Hayat güzeldir sloganı ile kitabımıza başladık, huzur ile devam ettik, mekanlarımıza huzuru taşıdık, arındık, bağışladık... Sonunda hayatın olmazsa olmazı aşka da şöyle bir değindik.

Kitabın sonunda yaptıklarımıza bakınca koca bir hayatın içine sığmış olduğunu görüyorum.

Peki, hepsi bu kadar mı?

Hayır... Elbette Hayır!

Daha sizlerle paylaşacak çok şeyimiz var.

O vakte dek hayatınızla dost olmayı unutmayın. Hepinizin hayat sahnesinde oynadığınız oyunlarda mutlu roller üstlenmeniz dileğiyle.

Sevgiyle kalın...